"品读广德"丛书

广德红色印迹

GUANGDE HONGSE YINJI

中共广德市委党史和地方志研究室　编

南京出版传媒集团　南京出版社

图书在版编目（CIP）数据

广德红色印迹 / 中共广德市委党史和地方志研究室编. -- 南京：南京出版社，2024. 12. -- ISBN 978-7-5533-5065-3

Ⅰ. K295.44

中国国家版本馆CIP数据核字第2024QB3613号

丛 书 名 品读广德
书　　名 广德红色印迹
编　　者 中共广德市委党史和地方志研究室
出版发行 南京出版传媒集团
南 京 出 版 社

社址：南京市太平门街53号　　邮编：210016
网址：http://www.njcbs.cn　　电子信箱：njcbs1988@163.com
联系电话：025-83283893、83283864（营销）　025-83112257（编务）

出 版 人 项晓宁
出 品 人 卢海鸣
责任编辑 严行健
封面设计 王　俊
责任印制 杨福彬

排　　版 南京新华丰制版有限公司
印　　刷 南京百花彩色印刷广告制作有限责任公司
开　　本 787毫米×1092 毫米　1/16
印　　张 17.25
字　　数 251千
版　　次 2024年12月第1版
印　　次 2024年12月第1次印刷
书　　号 ISBN 978-7-5533-5065-3
定　　价 60.00 元

总 序

广德的历史，可以追溯到遥远的石器时代。境内下阳、陈家边等古遗址出土文物表明，早在新石器时代就有古人类在此繁衍生息。春秋时期，“夏，楚子西、子期伐吴及桐汭”，“桐汭”为广德见之于史籍最古之地名。东汉建安八年（203），孙吴析故鄣置广德县，至今有 1800 多年历史。

山水竹乡秀江南

广德地处皖南山地和沿江平原过渡带，县域周围群岚叠嶂，中部盆地肥沃，无量溪、桐汭河贯穿全境，凤凰山水库、卢村水库、粮长门水库镶嵌其中，“山水广德”享誉皖东南。

广德位于黄山和天目山余脉交汇处，环境优美，森林覆盖率 58.79%，林木绿化率 61.75%，是长三角康养首选之地；境域内资源物产丰富，是中国竹子之乡、中国板栗之乡，也是《舌尖上的中国》推介的“美食之乡”，被评为国家生态县、中国最佳休闲旅游县、生态旅游百强县。“云雾”茶曾获美国旧金山巴拿马博览会金奖，也是中国“黄金芽”第一县。拥有华东地区最大天然溶洞——太极洞，被誉为“天下四绝”之一。

广德群山环峙，烟波浩淼，宋代名臣范仲淹曾赋诗赞曰“晚来云一色，诗句自成图”。明代翰林院编修唐顺之宦游广德以“苍山百转见炊烟，茅屋高栖古树颠。细雨薜萝侵石径，深秋粳稻满山田。云中望影迷遥岫，草里闻声觉暗泉。倘遇秦人应不识，只疑误入武陵川”的诗句描摹赞美广德美丽自然的风光画卷，而今的广德更加钟灵毓秀。

三省通衢贯东西

广德市位于安徽省东南部，苏浙皖三省八县（市）交界处。东临杭嘉湖，北倚苏锡常，周边有上海及杭州、南京、合肥等3个省会城市和16个大中发达城市，是安徽省唯一与苏浙两个发达省份毗邻接壤的县级市，是东进西出的桥头堡、南北经济的结合点，是华东沿海经济挺进安徽等中西部地区的第一站。

广德自古有“锁三吴而襟两浙，江南雄郡”之美誉。地处上海、南京、合肥、杭嘉湖、苏锡常等五大经济圈，是长三角城市群、G60科创走廊重要县级城市，宁杭生态经济带重要节点城市，是长三角区域合作的地理核心、东西互通的连接点，也是安徽省参与长三角产业分工合作的“桥头堡”。2005年，时任浙江省委书记习近平同志视察了位于广德境内的“长广煤矿”，见证了皖浙两省60年的合作历史。

商合杭高铁、宣杭铁路、G50高速、溧黄高速、G318、S215、S230等交通干线穿境而过，200公里内有上海虹桥、南京禄口、杭州萧山、苏南硕放、芜宣等多座机场。随着沪苏湖高铁、宁杭高铁二通道、合杭高速二通道等重大基础设施互联互通工程的加快推进，广德的交通枢纽地位将进一步凸显。

文化融汇育良才

中原文化、吴越文化、徽文化在此交融，催化衍生了广德开放包容的多元文化格局。

汉代张渤在广德治理水患，老百姓修祠纪念，形成了辐射江淮和东南沿海地区的舍家奉献、造福乡民、勇于献身的祠山文化；清末频繁战乱，本地人骤减，移民迁入，形成了开放融合、互助创新、和谐共生的移民文化；名闻遐迩的“天下四绝”太极洞，早在汉唐时期就有了游人踪迹，洞体之宏大、景观之奇丽、历史遗存之丰富冠绝皖南，结合太极拳、太极剑等运动演绎绘就了阴阳相合、刚柔相济，水乳相融的太极文化；广德是全国十大竹乡之一，竹产品制作及竹文化诗文创作随处可见，形成了清雅高洁、虚心向上、内涵丰富的竹乡文化；广德是历史上兵家必争之地，人民饱受战争之苦难，但是广德人民坚贞不屈、英雄辈出，形成了慷慨赴难、勇于献身、永垂后世的英雄文化；自改革开放以来，广德人民解放思想，大力招商引资发展工业，成为安徽东向发展的排头兵、融入长三角的桥头堡，形成了拼搏实干、敢为人先、争创一流的进取文化等。

多元文化的滋养，也让广德人才辈出。北宋范仲淹在广德断案公正、清贫廉洁，“贫止一马，鬻之，徒步而归”；“二十四孝”人物之一朱寿昌，在广德弃官入秦寻母；南宋岳飞率领岳家军在广德六战六捷，力挽狂澜、战功赫赫；明朝开国皇帝朱元璋曾驻跸横山，敕封“天下英灵第一山”。出生于广德的倪涛力谏陈弊、不畏权贵，明载《宋史》；词人何大圭，以“文章著名、诗文有声”享誉文坛；钱用壬为明朝开国预定律令，《明史》传之；一批名臣姜洪、张光藻等，刚正不阿、善治为民。新中国成立后，地质学家许杰，是中国科学院首批学部委员，蜚声中外；钱学森指导中国第一枚高空生物实验火箭在广德发射升空。他们在广德的发展史上谱写了壮丽诗篇。

广德人民具有优秀的革命传统。1930年，爆发了皖南地区斗争规模最大、坚持时间最长的广德暴动，催生了皖南红军独立团的成立和苏维埃政权的建立；1937年全面抗日战争爆发，驻广德空军频繁出击、喋血淞沪；南京保卫战中，川军驻守广德，打响安徽抗日第一仗；抗战初期，广德青年许道珍等奔赴革命圣地延安，进入抗日军政大学学习，回到家乡点燃革命星星之火，并终成燎原之势；1943年，新四军十六旅尾随日军，挺进郎广，取得了杭村大捷和天目山三次反顽战的胜利；1945年，广德围歼战中歼俘敌人6万余人，广德全境解放。广德革命波澜迭起，共产党人为了谋求人民的解放，赴汤蹈火，前仆后继，王金林、邓国安等无数革命先烈献出了宝贵的生命。抗美援朝运动中涌现出230余名烈士，为世界和平谱写了辉煌篇章。

习近平总书记指出，一个国家、一个民族的强盛，总是以文化兴盛为支撑的，中华民族伟大复兴要以中华文化发展繁荣为条件。文化是民族的精神命脉。文化兴国运兴，文化强国家强。没有高度的文化自信，没有文化的繁荣兴盛，就没有中华民族伟大复兴。为此，我们决定编撰“品读广德”丛书，全面记述广德的自然、历史、文化、社会，全方位、多角度地将广德展现给热爱广德、奉献广德的人们。

前 言

广德人民具有光荣的革命传统，20世纪30年代，就在党的八七会议精神的指引下，爆发了一场以农民为主体的武装暴动——广德暴动，在广德的西南乡和郎溪的姚村地区建立了革命根据地，组建了皖南红军独立团，成立了苏维埃政权，坚持斗争一年零七个月。终因敌我力量悬殊，斗争最后失败。广德暴动领导人王金林不幸被捕。他视死如归，从容就义，在广德大地上树起了一座不朽的丰碑。

当日本帝国主义发动全面侵华战争，中华民族处于生死存亡的危急关头，许道珍、周嘉琳、许道琦、尚伯康、朱传德等革命先驱不畏艰险，千里迢迢奔赴革命圣地延安，寻求救亡图存之路。他们当中的许道珍、周嘉琳在抗大提前毕业，受党的派遣，回到家乡广德重新点燃了革命的星星之火，经过长期艰苦的斗争终呈燎原之势，终于和中国人民一道推翻三座大山的统治，迎来了全国的解放和中华人民共和国的成立。

广德在中国共产党领导的新民主主义革命的过程中，留下了许多珍贵的革命遗址。新中国成立后，这些革命遗址得到了有效的保护、利用和开发，成为爱国主义教育和革命传统教育的重要基地。为了使每个遗址所记载的历史信息留传后世，更好发挥革命遗址在党史学习教育、革命传统教育、爱国主义教育等方面的重要作用，我们遴选出52处较有价值的革命遗址，让人们深入了解广德革命历史。

回望青史问初心，砥砺奋进再出发。致敬历史，是为了更好地照映未来，致敬英雄，是为了激励还在路上奋进的我们。中国共产党的历史是最生动的、最有说服力的教科书。站在两个一百年历史交汇点，我们要更好地践行党的初心使命，更好地践行习近平新时代中国特色社会主义思想，让红色基因、革命薪火代代传承，为实现广德高质量发展而不懈奋斗！

目　录

抗日战争时期　102

解放战争时期　132

第一章　党史概览

1928 年 12 月，广德党组织建立。从此，广德人民在中国共产党的领导下，为了谋求人民的解放，赴汤蹈火，前仆后继，在广德大地上谱写了可歌可泣的光辉篇章。

党的创立和大革命时期
（1919 年 5 月—1927 年 7 月）

五四运动是反帝反封建的伟大的政治运动和文化运动，标志着新民主主义革命的伟大开端，在思想上和干部上为中国共产党的成立做了准备。

1921 年中国共产党的成立，是中国历史上开天辟地的大事件。中国共产党登上历史舞台，中国革命的面貌为之一新。

1924 年国共两党实现了第一次合作。1926 年国民革命军开始北伐。1927 年 3 月，国民革命军第二军在向南京进军途中进驻广德。第二军政治部批准以广德青年社为基础发展党员，组建了国民党广德县临时党部，广德的工农革命运动蓬勃发展。

一、辛亥革命前后的广德

钱文选上书言事

钱文选，1898 年考入安徽省立求是学堂。1903 年择优咨送京师大学堂师范馆，不久改入译学馆，攻读英文。潜心外文，探求西方政治学问的本源，以变法图新、富国强邦。后任驻英留学生监督、中国驻美国旧金山领事。

1907 年，清廷宣布预备立宪，准臣民上书。京师大学堂译学馆学生钱文选上书都察院代奏光绪皇帝，建议创设咨议报，以专论与宪法有关之事。又上书邮传部尚书张文达，提议“招商局由我设，铁路由我建，收回京汉、粤汉等铁路，邮政局、电报局亦收回自办”，否则“我之脂膏为人吸尽，我之主权亦将不保矣”。

钱文选（1874—1957），字士青，广德山北乡人，著名爱国学者。新中国成立后，他拥护中国共产党和人民政府，曾任杭州市政协第一届委员会委员。有《士青文集》等著作传世

广德热血青年追随孙中山先生从事革命活动

广德南街的陈书，在南京两江高等师范学堂读书，参加了同盟会。他是广德第一个剪掉辫子的先行者。在当时，剪辫子意味着与清朝专制统治的决裂。

广德东亭人黎伯豪（又名黎明），辛亥那年他才 19 岁，正在北京陆军贵胄学堂学习。他参加了孙孟戟组织的京师卫戍军汉籍官兵起义。1913 年，国民党政治活动家宋教仁被袁世凯派人暗杀。黎伯豪秘密到南京，参加孙中山领导的二次革命。不幸革命失败，黎伯豪遭通缉而辍学。

二、马克思主义在广德的传播

五四运动在广德

1919 年，北京爆发“五四”爱国运动。广德县立第一高等小学校长彭鸣皋和第二高等小学校长许俊，联合各国民小学校长、教员成立了广德县五四运动委员会。广德的青年学生纷纷罢课、集会、游行示威，反对巴黎和约，查抄日货，声援北京学生的反帝爱国斗争。这一年的暑假，在芜湖、湖州、宣城等地读书的学生返回广德，成立了“广德县旅外同学会”，通过化装讲演和上演文明戏（话剧），把广德的反帝爱国宣传活动推向高潮。通过五四运动的洗礼，广德人民特别是广德青年学生，眼界大为开阔，觉悟大大提高，为大革命时期广德工农革命运动的发展打下了思想基础。

五四运动（油画）

许俊（1880—1967），又名许济之，广德人，清末秀才，1907年考入江苏两江高等师范学堂，历任广德县立第一高等小学、第二高等小学校长，县教育局长等职。1937年因日军入侵而辍教。他从教近30年，立身处世，道德文章，一直为县人所推崇，被誉为县内一代宗师。抗战军兴，他鼓励3个儿子投身革命，一时传为佳话

广德人民声援五卅运动

1925年5月30日，帝国主义巡捕在上海开枪屠杀示威群众，制造了震惊中外的五卅惨案。广德先后成立了五卅惨案后援会和五卅惨案外交后援会。广德各界纷纷罢课、罢市、集会游行、查抄和焚烧英日货，声讨帝国主义的暴行，

五卅运动（油画）

并慷慨解囊，捐款援助上海罢工工人。第十二中学师生捐献大洋一百余元，汇给上海学联，援助罢工工人。小学生也把零用钱捐献出来，少的三个铜板，多的高达一元，在暂节渡募捐现洋一百一十余元。

1925 年 9 月，广德旅沪学生在上海成立革命青年组织——广德青年社，次年春编辑出版《扫荆》半月刊，宣传新思想、新文化。

新文化运动在广德

五四时期，《少年中国》《东方杂志》《申报》等报刊已在广德流传。广德旅外学生，特别是在宣城第四师范读书的学生，受进步老师恽代英、萧楚女的影响，思想敏锐，情绪高昂，站在新文化运动的前列。他们利用寒暑假进行新文化运动的宣传，反对军阀、反对贪官污吏、反对旧礼教，主张男女平等、女子放足等。

文学革命是新文化运动的一项重要内容，它提倡以白话文代替文言文，以白话文学为中国文学之正宗。曾在宣城四师读书的杨正宗，1925 年由老师恽代英介绍，到江西安源煤矿职工子弟学校任教，因支持工人运动而被捕入狱。获释后，写成纪念黄静源烈士的长诗《寒囚》，在创造社的《洪水》半月刊发表。1927 年诗集《花圈》由创造出版社出版，收录了作者 1925 年至 1927 年间的新体诗十九首（包括《寒囚》）。由于诗中表现的赤色思想，不久就被国民党当局查禁。

《少年中国》杂志

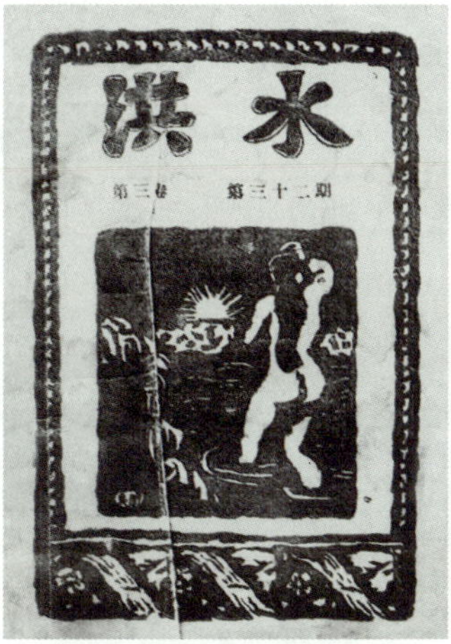

《洪水》半月刊

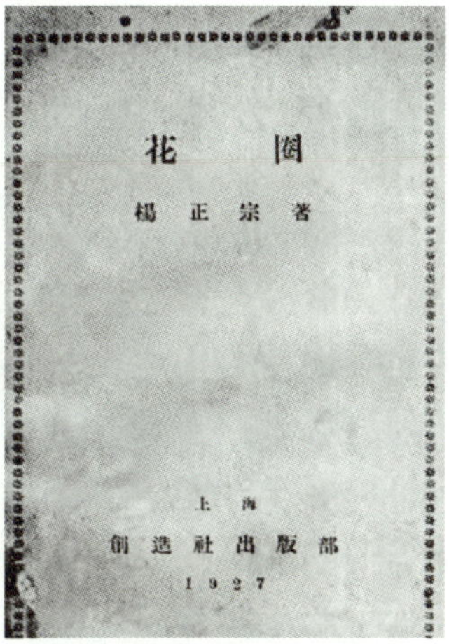

《花圈》

杨正宗（1899—1982），安徽广德人，曾任安徽省政协委员和广德县政协委员、省文史馆馆员。著有新诗集《花圈》和古体诗词多首

广德的早期共产党员

随着马克思主义在中国的广泛传播，广德在外地工作和学习的一些先进分子，如许杰、梁其昌、王金林等，在斗争中接受了马克思主义，于1927年前后加入中国共产党。

梁其昌（1903—1934），又名梁预人，广德月湾人。1920年考入浙江湖州省立三中读书，接触了大量进步书刊，受到革命思想的启迪。大革命时期在上海创造社出版部任职，并从事党的秘密工作。他是最早在广德传播新思想新文化的先驱者之一。1928年，他代表中共沪宁路区党组织，派刘格非等来广德开展工作，组建了广德党的第一个地方组织——中共广德直属小组。

许杰（1901—1989），广德誓节渡人。北京大学地质系毕业，1926年在安庆入党，曾任中共怀宁中心县委委员。

刘永昌（1909—？），又名刘靖青，广德城关人。1925年在上海大学社会系读书，发起组织广德青年社，主编《扫荆》半月刊。1928年参与组建中共广德直属小组。

周鹤甫（1903—1987），广德誓节渡人，江苏省立法政大学毕业。1926年在安庆由王步文、周范文介绍入党。1928年参与组建中共广德直属小组。

刘格非（1902—1961），广德四合人。1926年在安徽省立法政专门学校读书时，由周松圃、黄梦飞介绍加入国民党。1927年夏，从黄埔军校第五期毕业。1927年10月，在安庆由葛文宗、许杰介绍加入中国共产党。1928年参与组建中共广德直属小组。

王金林（1903—1931），广德花鼓塘黄金坝人，安徽省立第一甲种农业学校毕业。1928年考入安徽大学文学院预科，8月转入本科政治系。同年8月，由刘格非介绍加入中国共产党。曾任安徽大学共青团支部书记、共青团怀宁中心县委宣传部长和组织部长。1928年参与组建中共广德直属小组。

许杰（1901—1989）字兴吾，广德人，许济之的四弟，著名的地质学家和地层古生物学家。1919年考入北京大学预科，两年后转入地质系，受业于李四光教授等名师。他参加了五四爱国运动，曾陆续将传播五四运动的资料寄回广德。1925年大学毕业，在安庆任教。1926年参加中国共产党。曾任中共怀宁中心县委委员。1930年他进入中央研究院地质研究所任助理研究员，从此开始致力于地质矿产调查和地质研究。1945年参加中国民主同盟，从事爱国民主运动。中华人民共和国成立后，曾任安徽大学校长、安徽省人民政府副主席、地质部副部长，五至六届全国人大常委会委员。1955年当选中国科学院学部委员（院士）。1985年荣获联邦德国地质学会授予的最高科学奖——莱欧波尔德·冯·布赫奖。

三、北伐军进驻广德

1926年7月，在中国共产党的推动下，国民革命军在广东兴师北伐。1927年3月，国民革命军第二军在向南京进军途中由浙江进驻广德。第二军的副党代表兼政治部主任是共产党员李富春，所辖四、五、六3个师的党代表李六如、方维夏和萧劲光都是共产党员。二军进驻广德后，立即接管了县署，任命军部秘书周瀛干为县长。二军政治部根据李富春的指示，决定以广德青年社为基础发展党员，组建了国民党广德县临时党部，成立了工会、农会、商会和妇女协会等民众团体，工农革命运动蓬勃发展。不久，由于蒋介石叛变革命，封建势力卷土重来，周瀛干被迫出走，临时党部停止活动，广德革命运动转入低潮。

李富春（1900—1975），湖南长沙人，杰出的无产阶级革命家，时任国民革命军第二军副党代表兼政治部主任

鲁涤平（1887—1935），湖南宁乡人，中国国民党高级将领，时任国民革命军第二军副军长

土地革命战争时期
（1927 年 8 月—1937 年 7 月）

由于蒋介石和汪精卫相继叛变革命，1924 年至 1927 年的大革命最终失败。为了挽救革命，1927 年 8 月 7 日，中共中央在汉口举行会议，总结大革命失败的经验教训，确立了土地革命和武装反对国民党反动派的总方针。

在八七会议精神的指引下，中共广德县委于 1930 年 3 月，发动和领导了广德暴动，组建了皖南红军独立团，成立了广郎宣苏维埃准备委员会，在安徽的革命斗争史上写下光辉的一页。

一、中国共产党广德地方组织的建立

1928 年 12 月，梁其昌代表中共沪宁路区党组织，派刘格非、黄中道、黄烂腿（化名）来广德开展工作。正在芜湖的王金林应约回到家乡。同月，黄中道、刘格非、王金林、黄烂腿、周鹤甫、刘永昌 6 人，在城东刘永昌家召开第一次党员会议，正式成立了中共广德直属小组，负责人黄中道。会议决定由王金林掩护黄中道去花鼓塘黄金坝一带开展农运工作。

刘格非（1902—1961），广德人，共产党员

中共广德直属小组成立以后，在广德西乡发展了一批党员，邓国安、张国泰等先后入党。1929 年 2 月，成立中共广德特支，属江苏省委领导，负责人有张震、王金林等，下设城市、誓节渡、孝岷塘（花鼓塘）、城市学生四个支部，党员 20 人。同年冬，中共广德县委成立，王金林任书记。

中共广德
直属小组旧址

二、广德暴动

分粮斗争

1930年3月，中共广德县委领导并发动了著名的广德暴动，这是当时皖南地区斗争规模最大、坚持时间最长的一次农民暴动，在安徽的革命斗争史上写下了光辉的一页。

1929年秋，广德地区螟虫成灾，收成歉薄。第二年春荒严重，粮价飞涨。贫苦农民借讨无门，生活陷入困境。王金林因势利导，发动和组织花鼓塘一带的农民开展大规模的分粮斗争。广德暴动以分粮斗争为标志，揭开了斗争的序幕。同月，成立了王金林领导的皖南红军游击队，迅速转入武装斗争。4月，王金林率部到独树地区活动，贫苦农民和纸工纷纷加入红军游击队。驻独树街的民团马忠海部，经王金林派王大亚前往策反成功，马部30余人起义加入红军。又在独树地区收集了反蒋的“护党救国军”彭建章部散失的部分枪支，武装了参加暴动的农民。红军游击队的力量逐渐发展壮大。广德武装斗争的兴起，震惊了国民党反动派。1930年4月，国民党首都卫戍团团副李元凯率一个营到广德，对红军游击队发动了第一次清剿。面对气势汹汹的敌人，王金林指挥游击队采取“避敌主力，待机出击”的游击战术，日蔽夜行，东袭西扰，打得敌人晕头转向，疲于奔命。李元凯率卫戍团在广德清剿数月，毫无进展。8月，因敌人

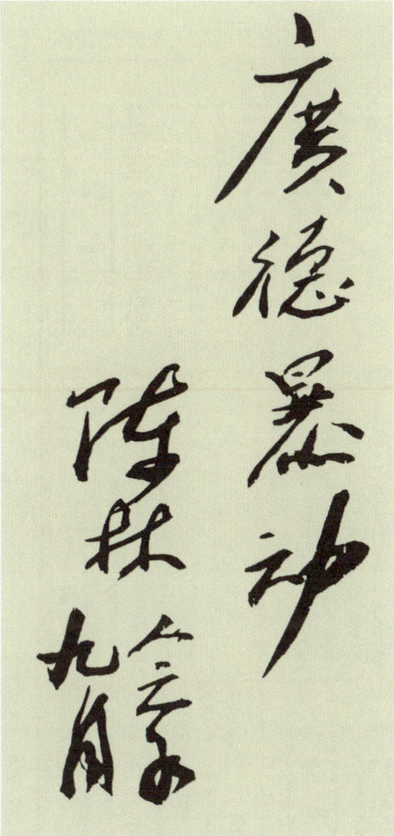

王金林、邓国安、张国泰等人的合影。（左起：张国泰、周瑞铨、梅佑应、王金林、朱学易、梅佑康、邓国安，1929 年摄于花鼓塘黄金坝）

陈林题字“广德暴动”

分粮斗争（汪文广　绘）

发生内讧，李元凯调离广德，卫戍团部队改由团副黄栋成指挥，但不久就撤回南京。国民党广德县长周景清，为了加强反共力量，扩充了县自卫队，任命李元凯带来的任升为队长，但是，“任升每与金林战必败，亦未为得力”。10 月红军在莫村袭击任升率领的自卫队，在我方优势兵力的攻击下，敌人一触即溃。红军乘胜追击，从莫村一直追到田里戈村附近的稻堆山。此战俘敌 3 人，毙敌 1 人，任升的战马也被缴获。敌人狼狈不堪地逃回了县城。

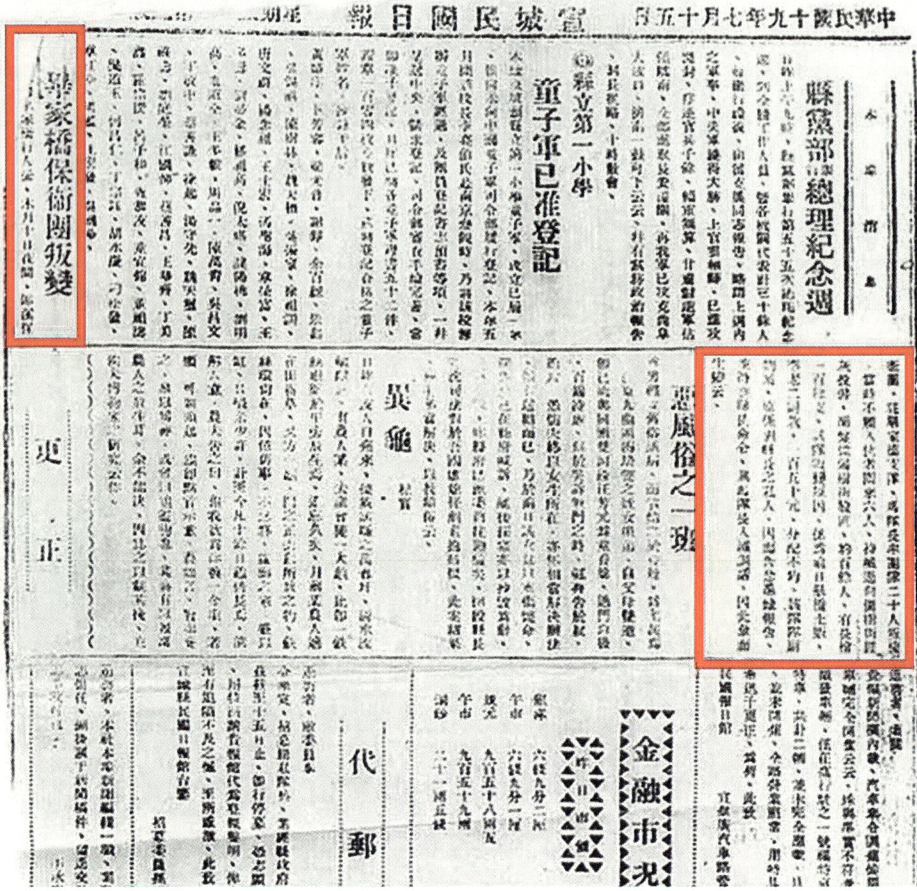
中華民國十九年七月十五日　宣城民國日報

縣黨部總理紀念週

童子軍已准登記

畢家橋保衛團叛變

惡風俗之一斑

金融市況

更正

代郵

1930年7月15日《宣城民国日报》报道：7月，郎溪县自卫团驻毕家桥支队27人向红军投诚。

皖南红军独立团和广郎宣苏维埃准备委员会

随着武装斗争的节节胜利，革命形势迅猛发展，在广德的西南乡和毗邻的郎溪县姚村地区，相继建立了基层苏维埃政权，成立了农会、妇协会、共青团和赤卫队等群众组织。赤色区域面积达600多平方公里，人口有5万余人。

中共中央、江苏省委、江南省军委和皖南特委对广德人民的革命斗争极为重视，先后对广德县委发出指示，并派人来广德赤区工作。1930年10月，经江南省军委批准，皖南红军独立团在独树街成立。王金林任团长，邱宏毅任政委，李邦兴任副团长兼参谋长。独立团下辖2个营7个连，红军战士达600余人，有长短枪260余支。

皖南红军独立团成立大会（汪文广　绘）

广郎宣苏维埃准备委员会代表大会召开（汪文广　绘）

从红军独立团成立时起，王金林专门负责部队工作，邓国安接任中共广德县委书记。

同月，在郎溪境内召开了广郎宣苏维埃代表大会。会议由中共皖南特委特派员、广郎宣县委书记陈林（化名程荫隆）致开幕词，邱宏毅、王金林、李邦兴在会上分别就苏维埃组织的意义、扩大赤色区域和红军与群众团体的关系等问题作了报告。会议选举产生了广郎宣苏维埃准备委员会，邱宏毅、王金林、程荫隆等当选为委员。大会还选举了出席全国苏维埃代表大会的代表。大会决定实行土地革命，满足农民对土地的要求。由于当时处于战争环境，土地革命没有全面实行。

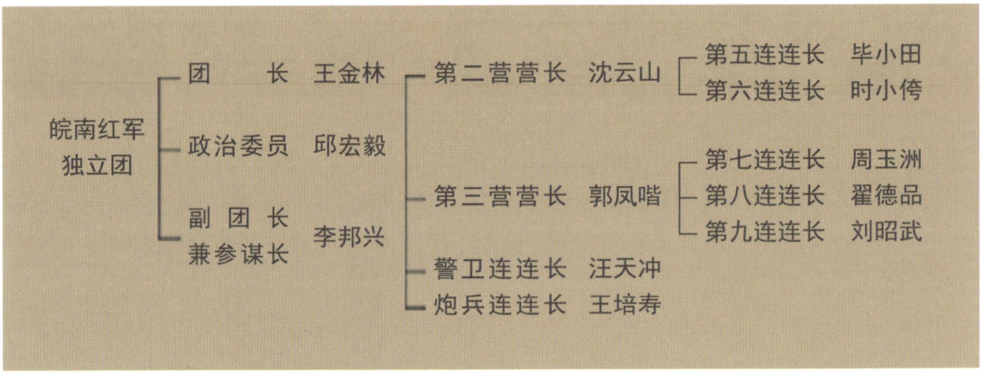

皖南红军独立团战斗序列表（1930年10月）

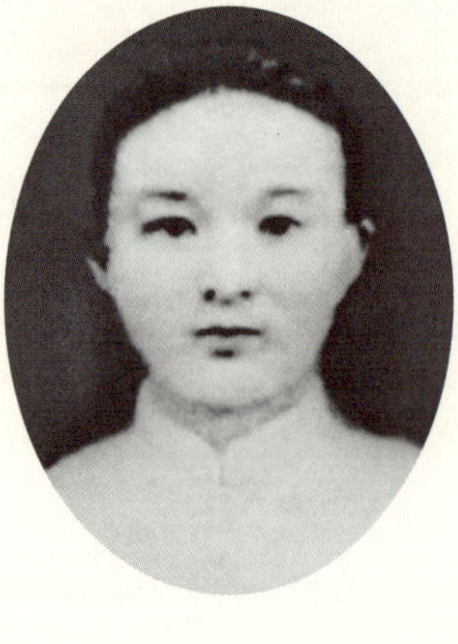

王金林（1903—1931），广德花鼓塘黄金坝人，1928年8月，加入中国共产党，中共广德县委第一任书记，广德暴动和皖南红军独立团的主要领导人，1931年10月，由于叛徒告密，在花鼓塘汪家冲被捕，11月22日在广德北门外凤凰墩英勇就义，年仅28岁

陈林（1901—1990），四川宜宾人，曾用名程荫隆，1925 年入党，1930 年任中共皖南特委特派员、广郎宣县委书记、广郎宣苏维埃准备委员会委员。新中国成立后曾任中央民族学院党委书记、全国政协委员

邓国安（1903—1932），广德花鼓塘人，中共广德县委第二任书记，广德暴动领导人之一。广德暴动失败后在上海从事地下工作时被捕，1932 年在上海漕河泾监狱被杀害，年仅 29 岁

张国泰（1910—1931），广德花鼓塘人，广德暴动爆发后，任共青团广德县委书记。1931 年 8 月，在文昌宫进行革命工作时被从桥头方向过来的国民党保安团发现，不幸中弹牺牲，年仅 21 岁

门东村战斗

1930年10月，国民党安徽省主席、军阀陈调元派下属五十七师三四二团团长余逢润率一个团的兵力来广德对皖南红军独立团发动了第二次清剿。为了保存革命力量，王金林等红军独立团领导人经过认真研究，决定率领部队取道浙江孝丰前往赣东北，与在那里坚持武装斗争的方志敏部会合。11月底，王金林率部从月克冲出发，经过建平垱，抵达孝丰的门东村（今名文岱村属浙江省安吉县）。部队在这一带打土豪、筹粮款住了几天。12月7日，红军独立团被敌三四二团等部包围。王金林指挥部队兵分两路边打边撤。在附近的阎王山与敌激战数小时，终于冲出包围圈。在门东村战斗失利的关键时刻，土匪出身的独立团二营营长沈云山，勾结九连连长刘昭武带领3个连共300余人，到郎溪叛变投敌。战斗的失利和投机分子的叛变，给红军造成极大的损失，红军独立团由原来的600余人减少到70余人。

门东村战斗之后，红军独立团政委邱宏毅辞职去上海。王金林负责全面工作。1931年初，王金林把部队带到郎溪鸦山进行整编，红军独立团整编为3个队，第一队队长李邦兴，第二队队长龚守德，第三队队长邓达远。部队整编后，王金林率部转移到黄金坝一带活动。李邦兴率第一队开往孝丰活动，不久即失败，李邦兴离开部队。

浙江省安吉县门东村

第三次反清剿斗争

1931 年 2 月，国民党五十七师三四一团团长许国亭率一个营对皖南红军独立团发动第三次清剿。二营营长王德农带 3 个连驻花鼓塘，监视红军动向。由于红军没有建立巩固的革命根据地，部队给养困难，人员和弹药得不到及时的补充，加上敌人疯狂清剿，白色恐怖严重，群众不敢接近红军。部队吃饭穿衣都成了问题。王金林没有被困难吓倒，仍然领导部队坚持斗争。6 月，攻打花鼓塘民团，缴枪 8 支，俘敌 2 人，毙敌 2 人。7 月，袭击誓节区区长陈昭在天沟村的家，毙敌 1 人，缴获粮食 10 余担。10 月 16 日，王金林率领红军和赤卫队攻打甘溪沟大地主解子俊纠集的民团，毙敌 3 人。王金林的得力助手、第二队队长龚守德英勇牺牲。10 月 22 日，王金林率领红军和赤卫队共 300 多人对誓节渡守敌发起攻击。敌人严密防守，久攻不下。王金林亲临前线指挥作战，不幸左臂中弹。红军主动撤出阵地。王金林由军医王东林，警卫员余家堂、龙明忠护送至花鼓塘一带养伤。红军在转移途中不断遭到敌人的包围袭击，队伍

甘溪沟

被打散。红军最后只剩下 17 支枪。由于弹尽粮绝，环境险恶，邓国安和杜义贵等将枪支拆开埋于青峰岭下。皖南红军独立团的斗争最后失败。

王金林英勇就义

国民党广德县政府和五十七师三四一团团部到处张贴布告，悬赏两万银元缉拿王金林。王金林的警卫员龙明忠经不起敌人的金钱诱惑，于 10 月的一天夜里，利用外出办事的机会，偷偷地跑到花鼓塘向驻守在那里的敌三四一团二营营长王德农告了密。王德农立即派五连连长何金铭带领四五十名士兵由龙明忠带路开进油榨岭下的汪家冲，包围了王金林的住地。王金林发现敌情奋起反击，终因寡不敌众，不幸被捕。第二天，王德农亲自把王金林押送县城。敌团长许国亭随即对他进行审讯。在敌人面前，王金林昂首挺立，慨然承认自己的所作所为。接着，许国亭又会同国民党县长邓质仪对王金林进行了正式审讯。在敌人的法庭上，王金林镇定自若，大义凛然。敌人首先询问他的姓名、年龄、出身和职业。他轻蔑地说：“你们不用问，拿笔来，我

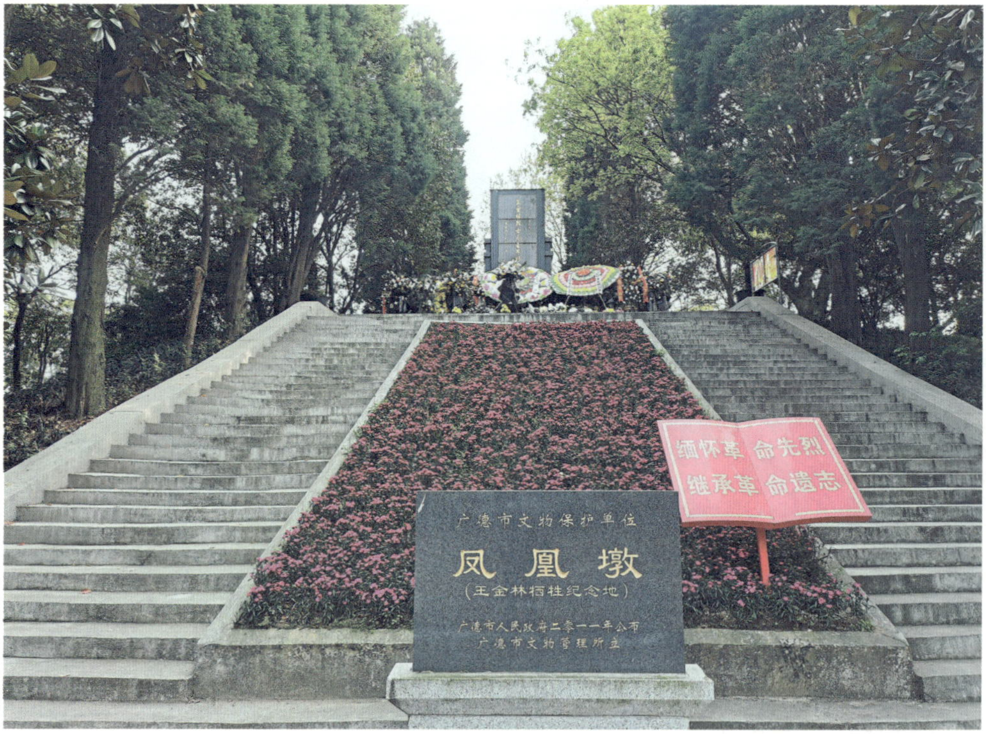

王金林烈士纪念碑

自己写。”王金林当场写下一千多字的自述。当被问到为何组织暴动反对政府时，他慷慨激昂，侃侃而谈，阐述了共产党救国救民的主张，痛斥了国民党反共反人民的罪行。讲到国家的衰败状况和人民遭受的苦难，王金林满腔悲愤，声泪俱下。最后，他满怀信心地说：“国民党腐败透顶，中国共产党一定胜利！”1931 年 11 月 22 日，王金林在广德北门外凤凰墩从容就义，年仅 28 岁。在前往刑场途中，王金林昂首挺胸，不断高唱革命歌曲，高呼革命口号，在场的人无不为之动容。

王金林英勇就义（汪文广　绘）

誓节镇花鼓社区汪家冲（又名曹家冲，现属誓节镇余枫村），王金林在这里因叛徒出卖被捕

广德暴动、红色区域及皖南红军独立团主要战斗示意图（1930.3−1931.10）

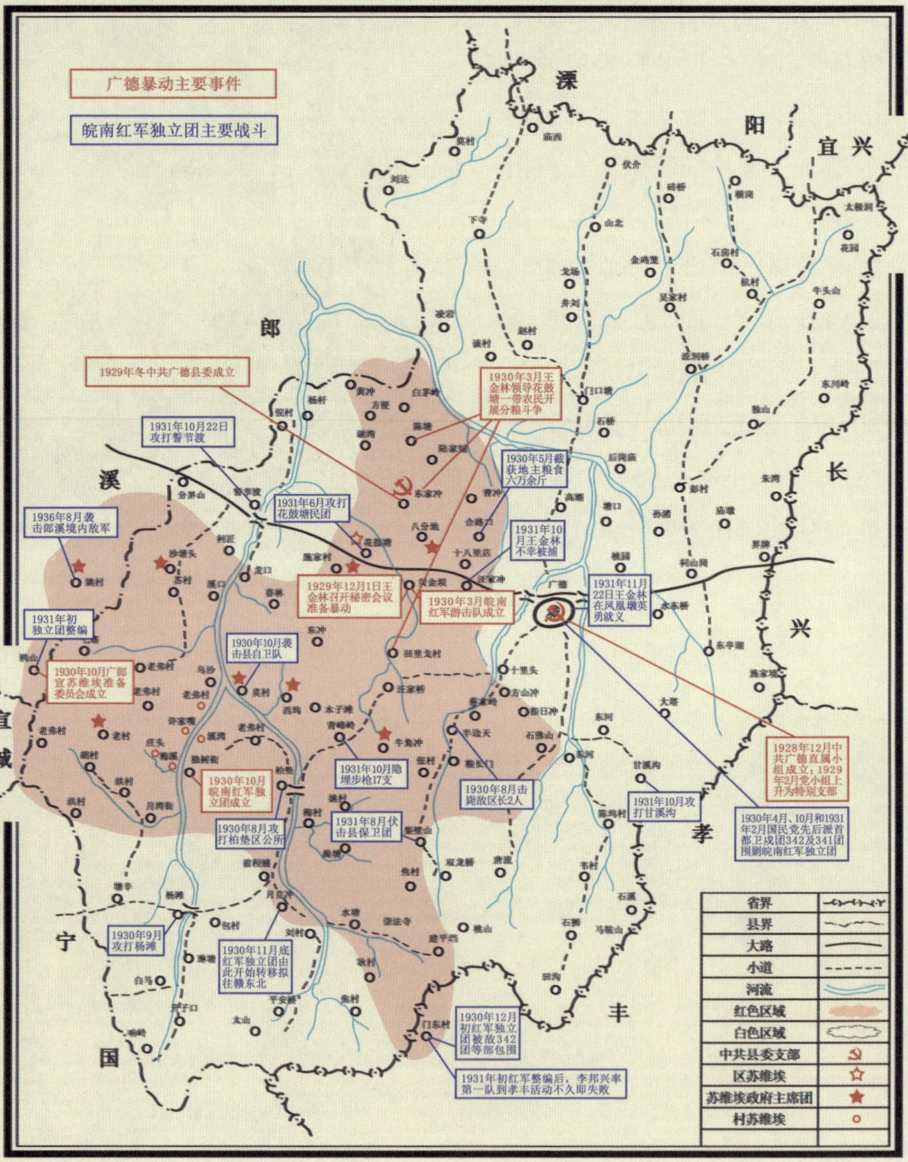

广德市博物馆展出的皖南红军独立团战斗场景

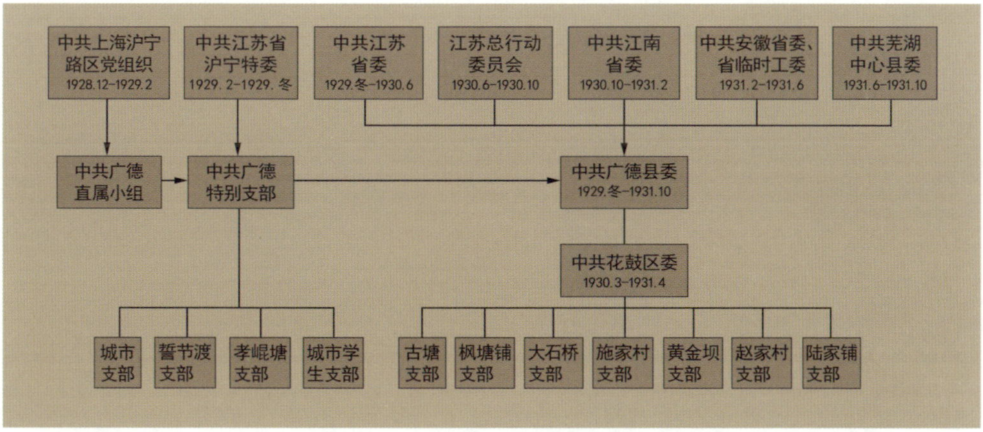

土地革命战争时期广德县党组织沿革表

金松赞

王金林

有树名金松，耸立在丘垄。
时遭霜雪侵，色泽仍青葱。
日出高岗东，霜消雪亦融。
金松依然健，侵者势成空。

这是广德暴动的领导者、皖南红军独立团团长王金林1929年写的一首古体诗。1990年，为纪念广德暴动60周年，广德县文化馆的黄淑陶同志为这首诗谱曲，曾由广德县桃州一小的师生在纪念大会上演唱。原诗无标题，现在的标题是编者拟订的。

王金林创作的歌曲

广德暴动革命歌曲联唱

序歌：金松赞

王金林诗、黄淑陶曲

1=^{b}B 4/4

中慢、蔚然雄伟

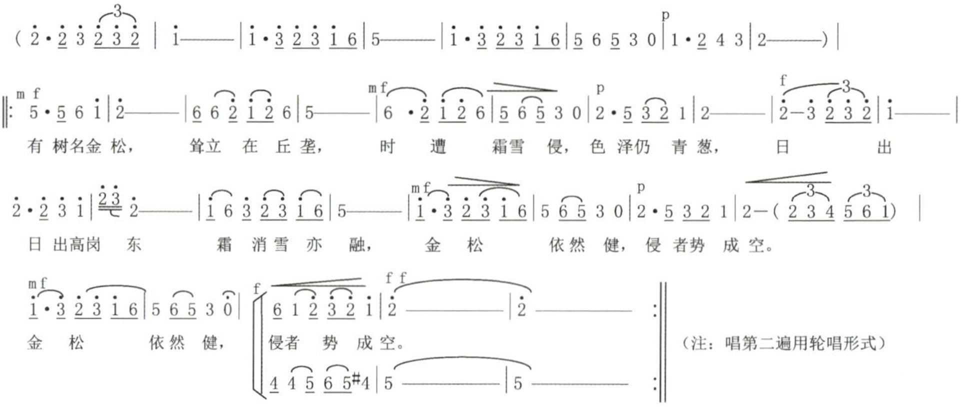

听我唱个农民歌

王金林　作
王兰秀　唱
彭斯福　收集

1=G 2/4

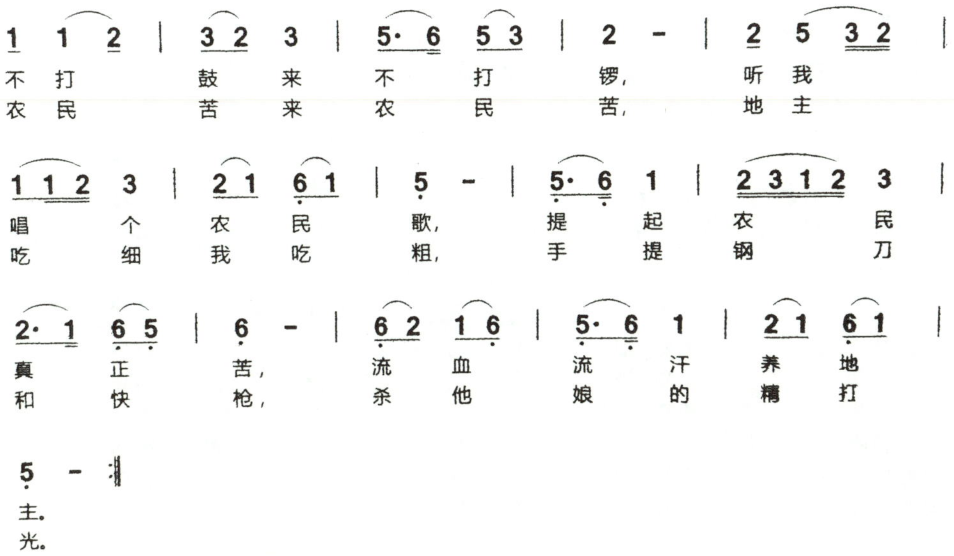

团结起来好分田

王金林 词
烈属王兰秀 唱
彭斯福 记谱

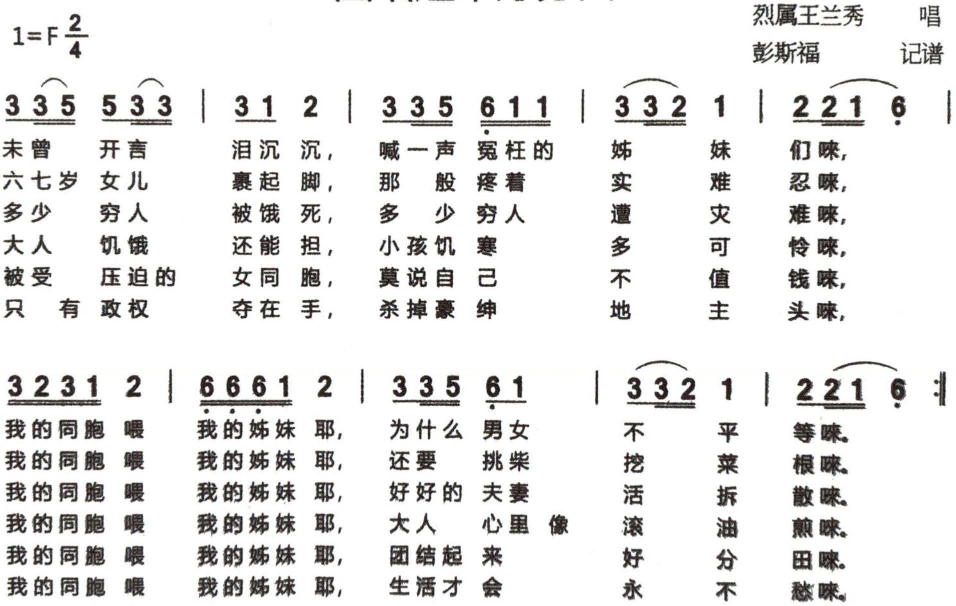

（原载《广德历史文化》2016年第1期）

抗日战争时期

（1931 年 9 月—1945 年 9 月）

1937 年 7 月 7 日，日本帝国主义者制造卢沟桥事变，发动了全面侵华战争。国共两党实现第二次合作。

淞沪会战期间，驻广德的国民党空军第二大队频繁出击，喋血淞沪，给日本侵略者以沉重打击。上海沦陷后，日军兵分两路围攻南京。国民党川军一四五师师长饶国华率部参加广德保卫战，英勇阻击入侵之敌，打响了安徽抗战第一仗。

为了抗击敌人，收复失地，1943 年 11 月，新四军十六旅旅长王必成率四十八团挺进广德，开辟了郎广敌后抗日根据地。中共广德县委和广德县抗日民主政府相继成立。广德成为苏南抗日根据地的重要组成部分。

一、国民党驻广德空军第二大队参加淞沪抗战

广德机场

广德机场位于广德城北的邓家村附近，1934 年底建成。当时机场仅初具雏形，设施简陋。从 1937 年起，在人民抗日热情的推动下，机场条件逐步得到改善，有了较好的装备，加强了防空监视。机场警卫连也有了比较先进的装有瞄准仪的高射机关枪和机关炮。

广德机场旧址

驻广德空军第二大队喋血淞沪

1937 年 7 月 7 日，日本帝国主义制造卢沟桥事变，全面发动了妄图灭亡中国的侵华战争。8 月 13 日，日军又把战火烧到上海，历时 3 个月的淞沪会战爆发。驻广德的空军第二大队以广德机场为基地，频繁出击，喋血淞沪，远征津沽，转战东南沿海，英勇悲壮，给了日本侵略者以沉重打击。8 月 14 日，第二大队副大队长孙桐岗，两次率机群轰炸日军在上海的目标。飞行员任云阁和祝鸿信驾驶“907 号”战机冒着密集的炮火，击中日本海军第三舰队的旗舰“出云号”，敌舰顿时爆炸起火，狼狈逃窜。任云阁重伤牺牲，祝鸿信的左臂也被击伤，但他仍然坚持驾机安全降落在上海虹桥机场。8 月 19 日，空军第二大队飞行员沈崇诲和轰炸员陈锡纯，驾驶“904 号”飞机袭击佘山海面日军目标，途经南汇上空时，飞机突发故障，尾部冒出一缕青烟。如果火势延伸到油箱，飞机就会爆炸。沈崇诲没有迫降着陆或弃机跳伞，而是驾机从 2000 米高空俯冲而下，对准一艘敌舰撞去，与敌舰同归于尽。沈崇诲、陈锡纯舍身炸敌舰的英雄气概和视死如归的大无畏精神，永远彪炳史册，激励后人。

8 月 19 日，空军第四大队飞行员龚业悌在广德击落日本 96 式重轰炸机 1 架。敌机坠落在广德北乡白水塘附近的水田中。机上共有 5 人，1 人受伤被俘，2 人死亡，2 人逃逸，被当地群众活捉。

陈锡纯（1915—1937），湖南望城人，空军第二大队飞行员

沈崇诲（1911—1937），江苏江宁人，空军第二大队飞行员

任云阁（1910—1937），河北雄县人，空军第二大队飞行员

龚业悌（1914—1996），湖南湘潭人，空军第四大队飞行员

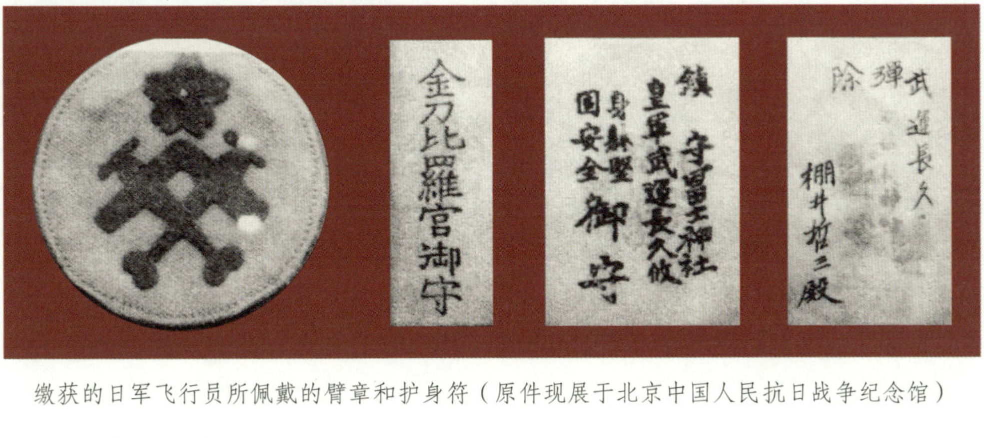

缴获的日军飞行员所佩戴的臂章和护身符（原件现展于北京中国人民抗日战争纪念馆）

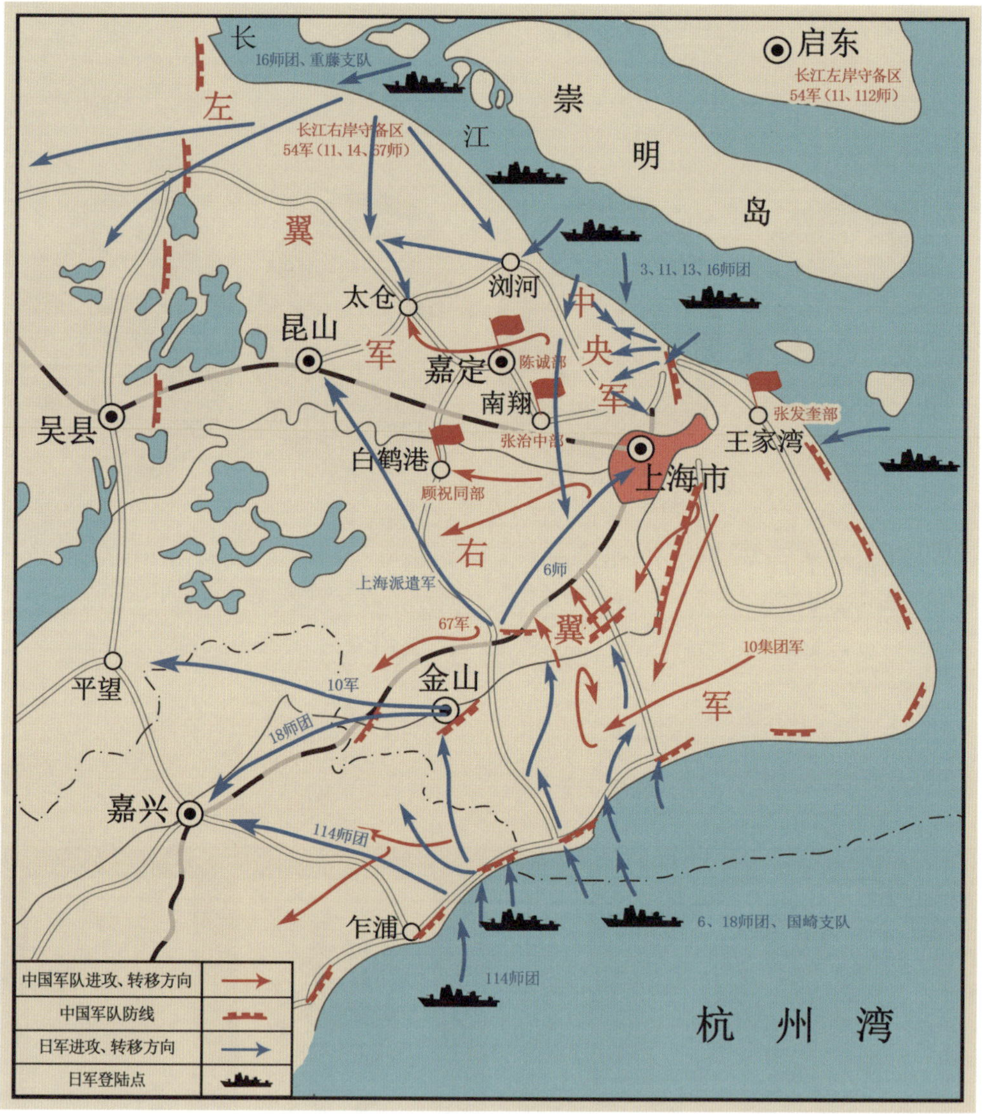
长
16师团、重藤支队
左
长江右岸守备区
54军（11、14、67师）
江
崇
明
岛
启东
长江左岸守备区
54军（11、112师）
翼
3、11、13、16师团
浏河
太仓
昆山
军
嘉定
陈诚部
中
央
军
南翔
张治中部
吴县
白鹤港
顾祝同部
张发奎部
王家湾
上海市
右
6师
上海派遣军
67军
翼
10集团军
平望
金山
10军
军
18师团
嘉兴
114师团
乍浦
6、18师团、国崎支队
114师团
杭州湾
中国军队进攻、转移方向
中国军队防线
日军进攻、转移方向
日军登陆点

“八·一三”淞沪会战要图

二、安徽抗战第一仗

11 月 12 日，上海沦陷，日军兵分两路，围攻国民政府首都南京。其中一路日军第十八师团，经吴兴、长兴、泗安、广德直趋芜湖，以切断中国军队的退路。国民党第二十三集团军（川军）所属 5 个师、2 个旅 5 万余人奉命坚守广德、泗安一线。一四五师师长饶国华，率部在广德祠山岗奋力阻击入侵之敌，消灭日军一部分兵力，打响了安徽抗战第一仗，终因川军装备低劣，伤亡惨重，全线溃败。29 日夜间，日军占领广德县城。30 日凌晨，饶国华师长自戕殉国。国民政府追晋饶国华为二级上将。2014 年中华人民共和国民政部追认为第一批著名抗日烈士。

饶国华

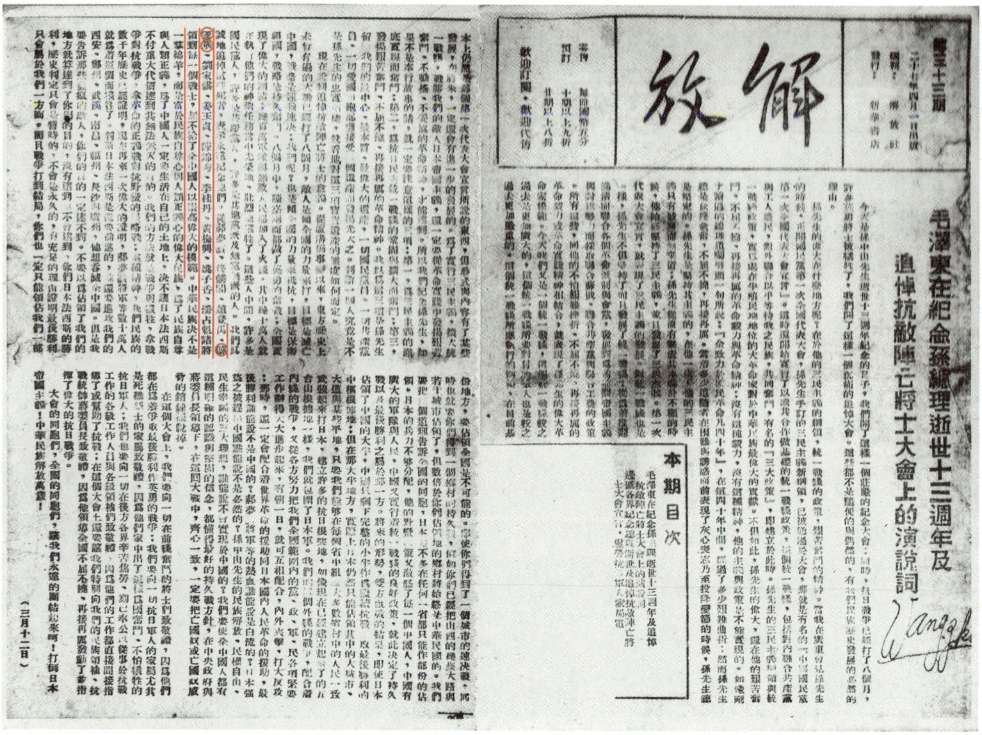

解放

毛澤東在紀念孫總理逝世十三週年及追悼抗敵陣亡將士大會上的演說詞

本期目次

毛泽东在1938年3月12日纪念孙中山先生逝世13周年大会上，对饶国华等国民党将领以身殉国的爱国行为，给予了高度赞扬，称他们是全中国人“崇高伟大的模范”。

三、侵华日军在广德的暴行

广德先后四次沦陷

1937年11月12日，日军占领上海，随后即兵分两路围攻南京。其中日军第十军第十八师团（师团长牛岛贞雄），由太湖南侧，经嘉兴、湖州、长兴向南京进犯。11月29日夜间，日军占领广德县城。1938年1月13日撤离广德，向芜湖等地侵犯。

1938年3月21日，驻宣城日军第六师团（师团长稻叶四郎）一部与驻浙江长兴日军千余人，在飞机掩护下，分东西两路攻陷广德。25日，日军经流洞桥向江苏宜兴侵犯。

1940年10月12日，日军第十七师团（师团长平林盛人）池田平野联队，

日军进入广德境内（〔日本〕俊正和宽提供）

在飞机掩护下，从鄣吴村（属浙江省安吉县）入侵广德。13 日，向江苏溧阳方向侵犯。

1943 年 10 月 2 日，日军第七十师团第十七旅团（师团长内田孝行）7000 余人分 4 路入侵广德。午后 8 时县城沦陷。这次占领长达 23 个月。1945 年 8 月 15 日，日本宣布无条件投降。8 月 27 日，侵占广德的日军撤往浙江集中投降。

日军侵占广德（〔日本〕俊正和宽提供）

侵华日军在广德的暴行

1937年8月14日，淞沪会战爆发的第二天，日军就由第三空袭队浅野少佐指挥的广德空袭队，派遣9架飞机，每架载250公斤炸弹2枚，从台北基地起飞，轰炸广德飞机场。中国空军机库、工厂、弹药库均遭到破坏。11月26—28日，先后有27架飞机轮番轰炸广德县城、誓节渡等地，城内到处残垣断壁，死伤许多百姓，在誓节渡炸死平民100余人、国民党部队官兵200多人。

1937年11月，日本侵略军开始大举侵占安徽（原件存安徽省档案馆）

日军第一次侵占广德期间，实行野蛮的杀光、烧光、抢光的“三光”政策，给广德人民带来无穷的灾难。第一次占领广德的日军第十八师团在撤离广德前，于1937年12月28日纵火焚城，县城内外顿成火海，烈焰冲天，大火持续十数个昼夜，全城变成了一片焦土，仅剩下残焰未尽的零星小屋108间。由于火势蔓延，距县城30里以内的村庄大多成为废墟。县城附近的十八里店、蔡家岭一带的村庄几乎全部烧光，烧毁房屋数万间。

日军在广德狂轰乱炸，到处是残垣断壁（〔日本〕俊正和宽提供）

1937 年 12 月，日军在周家窑将周老五一家 6 口和 1 个窑工烧死。邱村镇双岗村周绪民一家 14 人，躲在坟圈里，被日军杀害 11 人，3 岁的周和成当时偎在妈妈怀里才得以幸免。

1938 年 3 月 21 日，日军在骆家大村打死城里和本村跑反的群众 70 余人。3 月 24 日，日军窜到邱村镇前路村，在一条名叫螺蛳沟的小山沟里，用机枪、步枪向沟里躲藏逃难的五六十个群众扫射，当场打死 47 人，余金伦一家被打死 5 人。

1943 年 10 月，日军第四次侵占广德。从宣城水东和浙江孝丰入侵的日军到处杀人放火、强奸妇女，仅据柏垫、独树、苏村、花鼓、凤井、笄山、双溪和东亭 8 个乡镇的统计，有 970 多户房屋被烧毁，伤亡 830 多人。

“螺蛳沟惨案”发生地

“螺蛳沟惨案”幸存者余金伦指认惨案现场

四、广德青年工作团的抗日宣传活动

广德进步青年奔赴延安抗大学习

抗战初期，广德进步青年许道珍、周嘉琳、许道琦、尚金铭（后改名尚伯康）、朱传德五人，怀着救亡图存的爱国热情，不畏艰险，万里迢迢奔赴革命圣地延安，先后进入中国人民抗日军政大学学习，成长为坚强的革命战士。1938 年初，新四军军部在南昌成立，亟需干部。在抗大第三期提前毕业的许道珍、周嘉琳，经汉口、九江、南昌到达歙县的岩寺，正在这里的中共皖南特委书记李步新，派他们回广德进行党的组织发展、统一战线和抗日动员工作。

中国人民抗日军政大学校门

许道珍（1912—1969），广德人，抗战时期任广德县抗日民主政府县长；解放战争时期先后任郎广工委副书记、广南县工委书记兼县长、苏浙皖边工委委员、路南分工委副书记

周嘉琳（1915—2007），广德人，抗战时期先后任中共广德县工委书记、广郎县工委书记、广南县委书记、广德县委副书记

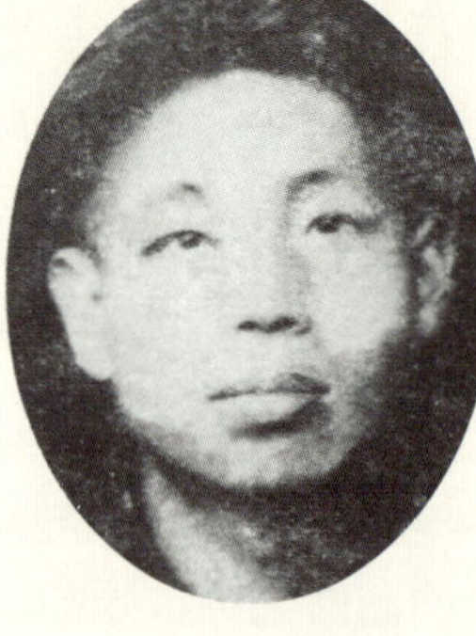

许道琦（1914—1989），广德人，抗大结业后分配至河南竹沟新四军留守处，任中队指导员。新四军五师成立后，历任五师十三旅政治部主任、五师政治部锄奸部部长兼豫鄂行署公安总局局长、五师政治部保卫部部长等职

尚伯康（1909—1948），原名尚金铭，广德人，1937 年同许道珍等赴延安学习，1938 年入党，先后任抗大政治教员，辽北省政府建设厅秘书

朱传德（1912—1996），安徽广德人，1938 年 3 月在延安参加革命工作，抗大第四期毕业，1938 年 7 月参加中国共产党。长期在部队工作，曾任华东军区政治部文化部副部长，中国科学院自动化研究所副所长、党委书记，七机部五院五〇二所副所长、党委副书记，院纪委专职副书记

广德青年工作团开展抗日宣传活动

1938 年 5 月，许道珍、周嘉琳回到家乡，在国民党广德县政府临时办公地柏垫努力村，以八路军退伍人员的身份参加了广德县民众总动员委员会的工作。周嘉琳任动委会总干事，许道珍在动委会下设的青年工作团任副团长。青工团克服重重困难，奔赴城乡各地，开展抗日宣传活动，演出抗日短剧《放下你的鞭子》，演唱《松花江上》《义勇军进行曲》等抗日歌曲。许道珍、周嘉琳还

结合实际自编剧本，亲自登台演出，工作干得有声有色，曾受到皖南特委书记李步新的赞扬。

五、重建党的组织

中共苏村支部

1938 年 8 月，国民党第三战区派出以金汉鼎为团长的军风纪视察团来广德，以视察为名进行反共活动。许道珍和周嘉琳被排挤出动委会和青工团。周嘉琳到第四区任庙产委员。许道珍到苏村以办学为掩护，继续从事革命活动，在教师、学生和农民中发展了 20 余名党员，成立中共苏村支部，许道珍任书记。这是广德党组织在抗战时期第一次重建。

中共苏村支部旧址（原苏村小学）

中共广德县工委

根据中共皖南特委关于大量发展党员的指示，许道珍以苏村为基地，派出党员分别到县城、花鼓塘、十八里店、誓节渡以及郎溪涛城等地进行党的发展工作。1938 年冬，全县党员 100 余人，在此基础上，成立中共广德县工委，周嘉琳任书记，属中共皖南特委领导。

抗日战争进入相持阶段以后，国民党的反共和对日妥协的倾向日渐增长，广德的局势也开始逆转。国民党广德县政府根据《防制异党活动办法》和皖南行署的密令，决定逮捕许道珍并押至屯溪受审。1939 年苏皖特委将许道珍、周嘉琳调离广德。

中共广郎中心县委

1940 年 3 月，根据中共苏皖区党委的决定，成立中共广郎中心县委，张思齐、刘烈人先后任书记。中心县委开始主要活动在广德的苏村、誓节渡等地，以后迁至郎溪涛城，以开磨坊作掩护，从事地下斗争。

六、郎广游击队的诞生

皖南事变发生后，广德、郎溪党内出现叛徒，广郎中心县委在险恶的环境中坚持斗争。为了打击敌人，惩处叛徒，保护党组织的活动，根据苏皖区党委的指示，中心县委决定组建一支地方武装。时任太滆中心县委宣传部长的许道珍奉命返回广德，着手组建郎广游击队，在郎广地区重新点燃了武装斗争的星星之火。

游击队在极其艰苦的条件下，灵活机动地打击顽军，惩治叛徒、特务，有效地保卫了党组织的安全。郎广游击队开始只有 6 人，有短枪 3 支，长枪 2 支，不久发展到 10 余人。同年 7 月，苏皖区党委又派来曾参加井冈山斗争的老红军战士龚铁来广德工作。游击队成立了党支部，许道珍任书记。1943 年底，郎广游击队在广北与新四军会合，扩编为郎广游击大队，有两个排 40 余人。龚铁任大队长，阮维良任大队副，许道普任指导员。1944 年 5 月，发展到 200 余人，整编为第一、第三两个中队，阮维良任大队长，张羽任教导员。7 月，郎广游击大队撤销，两个中队分别编入广德、郎溪两县警卫连和新四军主力部队。

龚铁，曾任郎广游击大队大队长

阮维良，1944年5月至1945年8月，先后任郎广游击大队大队长、广德独立营营长

七、新四军十六旅挺进郎广

进军郎广，开辟敌后抗日游击根据地

为了抗击敌人，收复失地，1943年11月，新四军十六旅旅长王必成率四十八团尾随日军，挺进广德，开辟了郎广敌后抗日游击根据地。新四军在纸业工人和贫苦农民中大量发展党员，建立党的组织。

王必成，新四军十六旅旅长

刘别生，新四军十六旅四十八团团长兼第四军分区（广郎分区）司令员

进军郎广，创建敌后抗日游击根据地的新四军十六旅　（宜兴市档案馆提供）

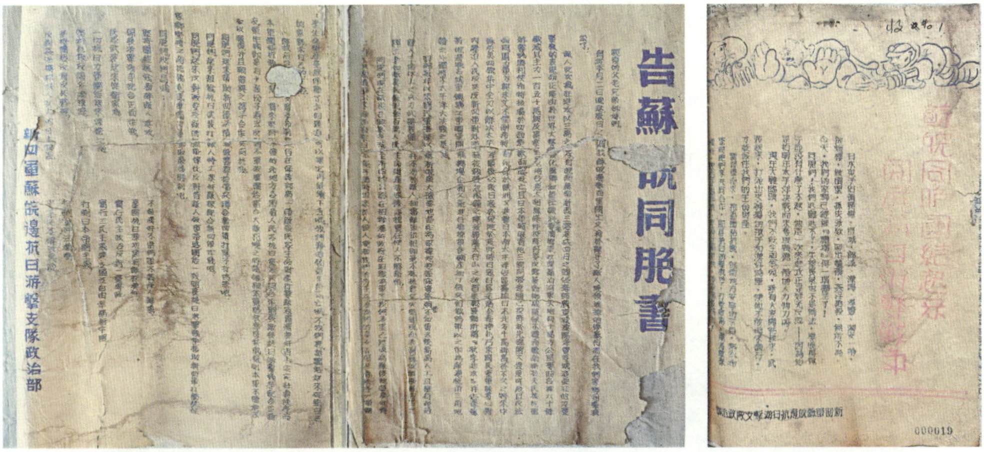

告蘇皖同胞書

新四軍蘇皖邊抗日游擊支隊政治部

新四军十六旅四十八团以“新四军苏皖边抗日游击支队”名义散发的传单

1943 年底，在泉村成立中共广德县委，石坚、李坚真（女）、李华楷、陆平东、赵萌华先后任书记。1944 年 1 月，广德县抗日民主政府在水东岕成立，县长许道珍。随后，十六旅旅部、苏皖区党委、苏南行署南移到砖桥、杭村等地，广德成为苏南抗日根据地的重要组成部分。广德抗日根据地逐步由北向南发展，到 1944 年 3 月，成立了一、二、三 3 个区委和区抗日民主政府，16 个乡政权，广德北乡大部分地区成为抗日根据地。

石坚，1943年冬至1944年2月，任中共广德县委书记

李坚真（女），1944年3月至7月，任中共广德县委书记

李华楷，1944年7月至1945年6月，先后任中共广德县委书记、广南县委书记兼县长

陆平东，1945年2月至8月，任中共广北县委书记

赵荫华，1945年8月至9月，先后任中共广北县委书记、广德县委书记兼县独立团政委

1944 年起，新四军十六旅在广德北部的杜家坟、水东岕、韩家巷、云门寺等地陆续开办兵工厂、被服厂、印钞厂、印刷厂，组建了后方野战医院。

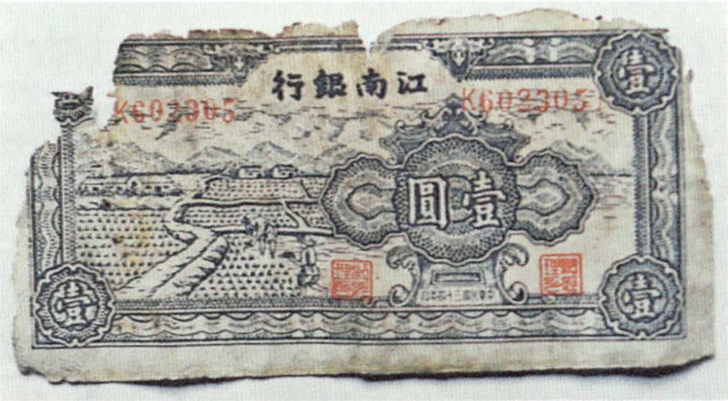

江南印钞厂印刷的“江南银行”抗币

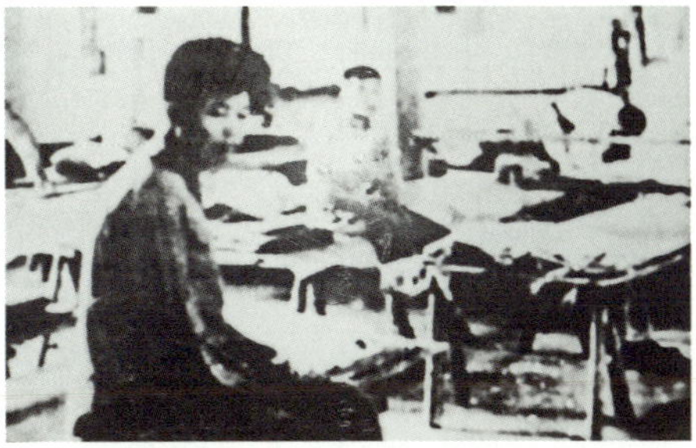

新四军十六旅后方医院病房一角（新杭保安寺）

苏南行署、新四军十六旅印钞厂旧址（新杭箭穿村韩家巷）

新四军十六旅印刷厂遗址（新杭云门寺）

江渭清等从皖南事变突围后的合影

新四军十六旅旅长王必成（右）、政委江渭清（左）、苏南行署主任吴仲超（中）合影

杭村大捷和牛头山、青岘岭反顽战役

新四军十六旅在人民群众的大力支援下，积极开展敌后游击战，打击日伪军，回击国民党顽军的进攻，先后取得杭村大捷和牛头山、青岘岭反顽战役的胜利。1944 年 3 月 29 日，四十八团在广德杭村伏击前来扫荡的日军南浦旅团小林中队和一个伪军大队，歼敌 70 余人，缴获日式九二步兵炮一门，极大地鼓舞了江南人民的抗日斗志，狠狠地打击了日军的嚣张气焰。四十八团三营教导员郑大方和九连连长李小毛在战斗中为国捐躯。12 月 2—4 日，十六旅在牛头山、青岘岭激战三昼夜，击退了国民党顽军六十二师 6 个团的进攻，将其赶到广泗公路以南，进一步巩固了郎广抗日游击根据地。

新四军十六旅战士奋战在牛头山反顽战线前线

新四军十六旅四十八团三营营长徐超

新四军十六旅四十八团三营教导员郑大方烈士

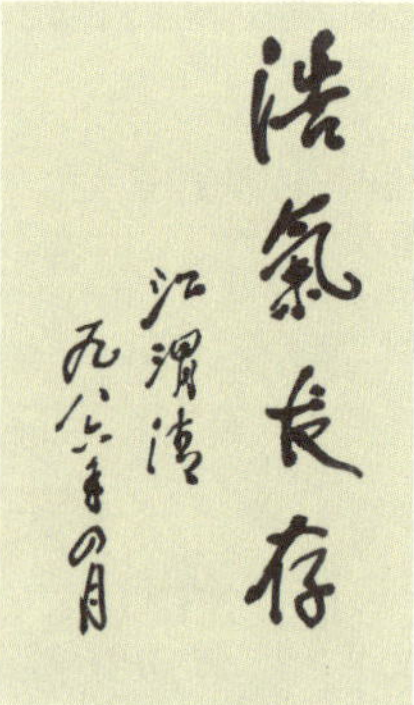

1986 年，中顾委委员、原新四军十六旅政委江渭清为纪念郑大方烈士的题词

1944 年 3 月 29 日，新四军十六旅在广德县杭村慈姑山伏击日军小林中队，歼敌 70 多名，缴获日式九二步兵炮一门。这是缴炮后王必成旅长（中一免冠者）与战友在温塘合影

新四军在杭村大捷中缴获的日式九二步兵炮，现藏北京中国人民革命军事博物馆

第四十八团指战员操练缴获的日式九二步兵炮

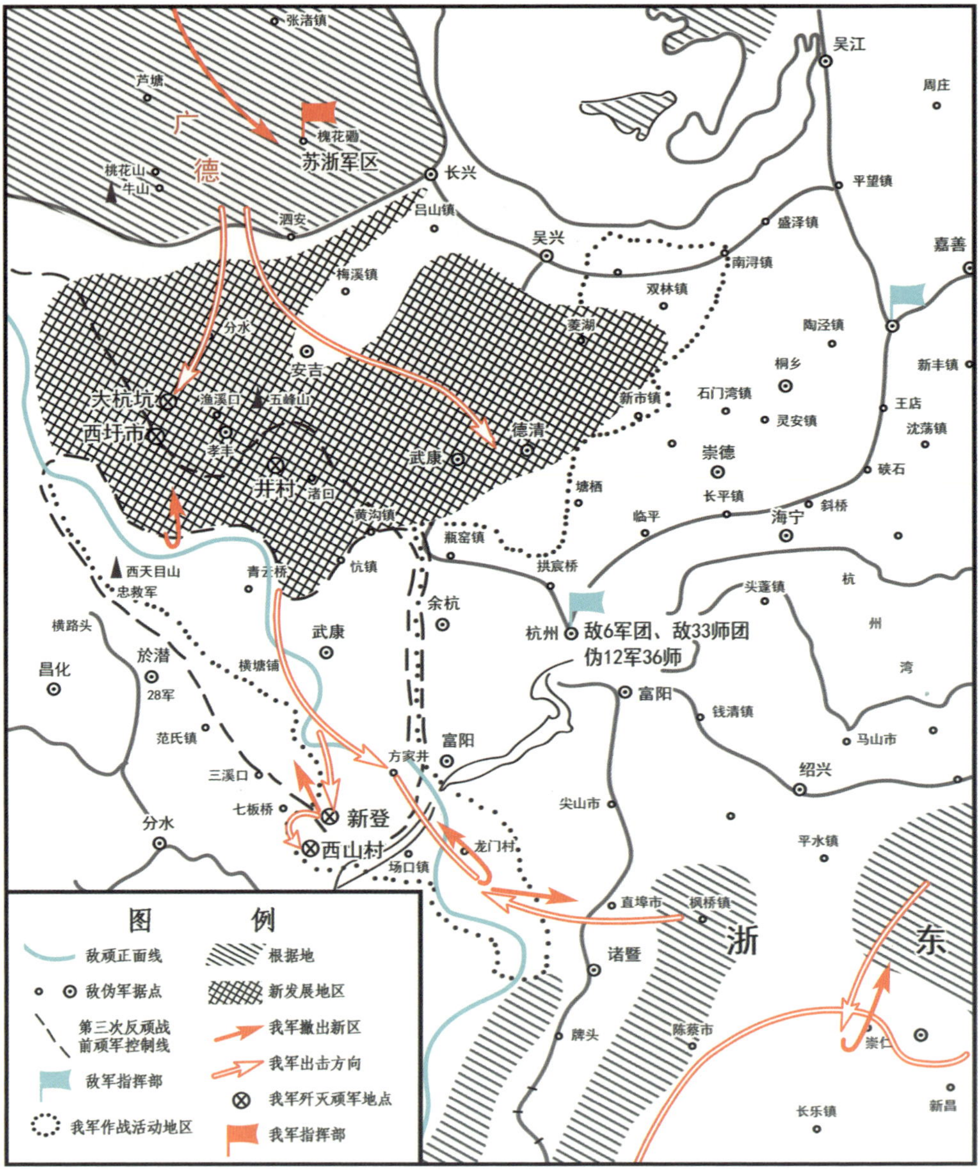

1943年10月—1945年8月，新四军在广德、安吉、长兴活动要图

天目山反顽战役和广南县的建立

根据中共中央发展东南的战略方针，1944 年 12 月，新四军一师师长粟裕率部渡江南下，与十六旅会合。1945 年 2 月，苏浙军区成立，所属部队编为 3 个纵队。10 日，苏浙军区部队奉命向浙西挺进，在天目山地区连续取得了三次反顽战役的胜利，开辟了包括广德南部地区在内的浙西敌后抗日根据地。4 月，新四军第一师副师长叶飞率领第二批部队南下，与苏浙军区主力会师，编为苏浙军区第四纵队，司令廖政国，政委韦一平，下辖第十、第十一、第十二 3 个支队。叶飞任苏浙军区副司令员。

三次反顽战斗旧址（桃花山、牛山）及牛山战役纪念碑

中共广南县委和广南县抗日民主政府旧址（陈坞村）

1945 年 2 月，在陈坞村成立中共广南县委和广南县抗日民主政府，李华楷、周嘉琳先后任县委书记，胡宏、周瑞锦先后任县长，下辖柏垫、笄山、苏村 3 个区。原广德县改为广北县。广南县委、县抗日民主政府成立后，以花鼓乡中队为基础，组建了广南县警卫连。1945 年 8 月，广南地方武装发展到 200 余人，组建了独立营，阮维良任营长。

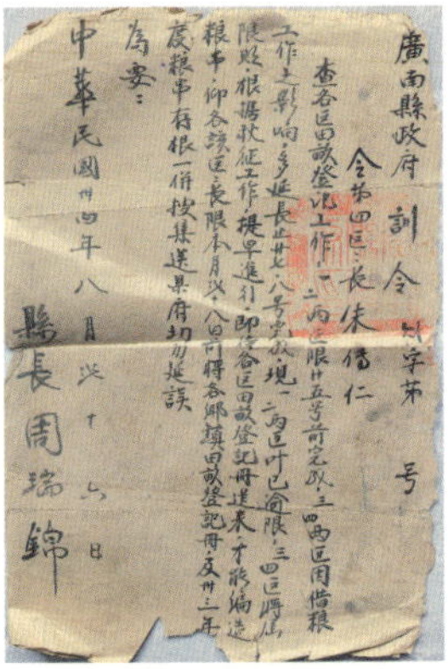

廣南縣政府 訓令 字第 号

令第四區區長朱倚仁

查各區田畝登記工作，一、二兩區限廿五号前完成，三、四兩區因借糧工作之影响，多延長至廿七、八号完成，現一、二兩區均已逾限，三、四區將屆限既，根據秋征工作，提早進行，即將各區田畝登記冊送來，才能編造糧串，仰各該區區長限本月卅一日前將各鄉鎮田畝登記冊及卅三年度糧串存根一併按期送県府，切切延誤為要！

中華民國卅四年八月廿六日

縣長 周瑞錦

广南县政府训令
（1945年8月26日）

胡宏，1945 年 5 月—7 月，任广南县抗日民主政府县长

周瑞锦，1945 年 4 月—8 月，先后任中共广南县委副书记、广南县抗日民主政府县长

八、日本无条件投降

1945年8月15日，日本宣布无条件投降。8月28日，苏浙军区第三纵队第九支队光复广德。广北、广南两县党政机关在县城会合，成立中共广德县委和广德县民主政府，县委书记赵萌华，副书记周嘉琳，县长许道珍。两县地方武装合并成立广德县独立团，团长王彪。

1945年9月2日，在东京湾的美国海军战舰“密苏里”号的甲板上，日本代表在投降书上签字

9月2日，日本代表在投降书上签字。至此，中国人民抗日战争和世界反法西斯战争胜利结束。抗日战争是中国人民一百多年来在反对外国侵略的斗争中第一次取得完全胜利的民族解放战争，是世界反法西斯战争的重要组成部分。

1945年9月9日，南京中央陆军军官学校大礼堂举行受降仪式，日本代表向中国政府代表、陆军总司令何应钦（左）呈交投降书

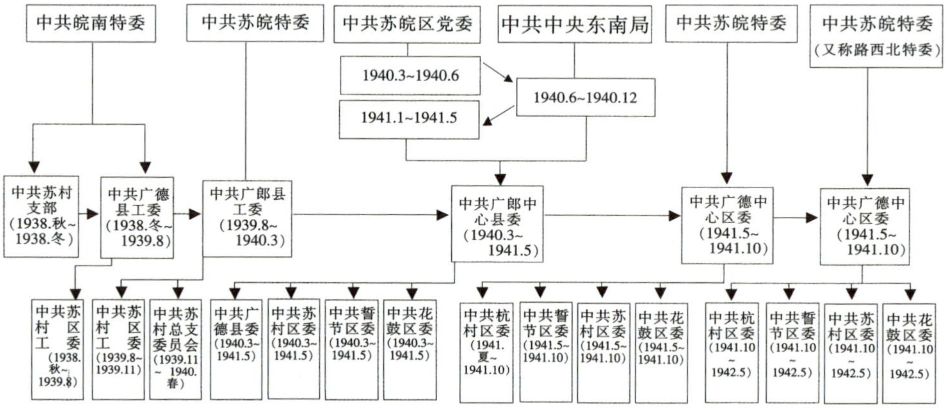

抗日战争时期广德县党组织沿革表（一）

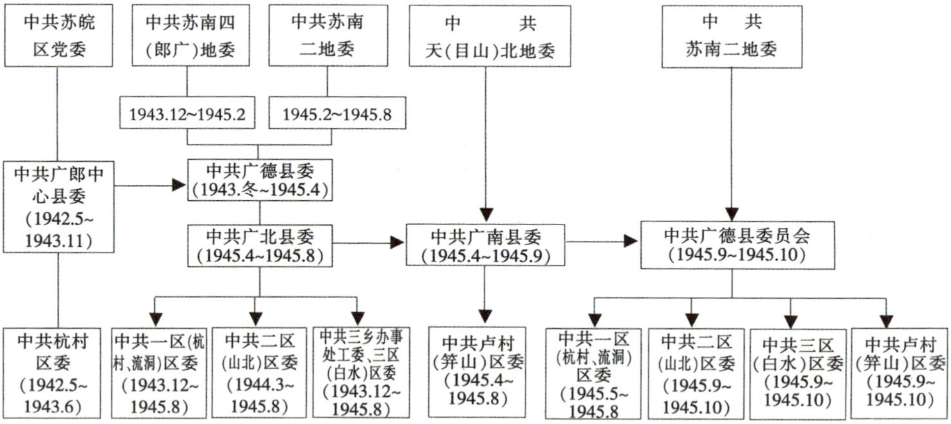

抗日战争时期广德县党组织沿革表（二）

解放战争时期

（1945 年 9 月—1949 年 9 月）

苏浙军区部队北撤后，国民党军队对郎广地区进行了长达 3 个月的清剿。苏浙皖边区司令部和郎广工委的武装损失惨重。1945 年底，国民党军队的清剿结束。郎广工委趁机积极开展活动，在苏村一带建立了立足点，发展了一批党员，活动范围逐渐扩大。

在《七一指示》和《三八指示》的指引下，1947 年上半年，郎广地区的革命形势蓬勃发展。工委武装主动出击，游击区逐步扩大，斗争不再是单纯地打游击，而是向建设游击根据地的方向发展。为了贯彻向南发展的方针，彭海涛率边区大队开辟了以白马庙为中心的广宁孝地区。1948 年 4 月，新组建的苏浙皖边区支队，积极向东南方向发展。8 月，钱敏、孙章录率部到达宁国、昌化边境地区，苏南、皖南两块游击根据地连成一片。同月，天西分工委成立，张思齐任书记，张之宜任副书记。天西地区的开辟，实现了华东局和皖南地委的南进目标，扩大了苏浙皖游击根据地。

一、大军北撤和郎广工委坚持留守的斗争

1945 年 8 月 28 日，毛泽东偕同周恩来、王若飞亲赴重庆，同国民党当局谈判。在谈判中，我党作出必要的让步，决定将包括苏南、皖南在内的八个省区的人民军队撤退到苏北、皖北及陇海路以北地区。根据中央的决定，新四军苏浙军区部队于 9 月开始北撤。同时根据中央指示，留下一部分力量在原地坚持斗争。10 月初，苏浙区党委在宜兴张渚召开留守会议，宣布成立苏浙皖边区特委，陈立平任书记，成立苏浙皖边区司令部，司令员熊兆仁，政委陈立平，参谋长倪南山。特委下设茅山、太滆、郎广、浙西四个工委。郎广工委书记张思齐，副书记许道珍，

下辖宣城、郎溪、广德、长兴四县。彭海涛、丁浩、胡惠民和刘旦分别任四个县的特派员。工委有一个70余人的警卫连。各县都有一个武工队，广德武工队有26人。

新四军北撤后，国民党一四六师、一四五师等部先后进入郎广地区，宣布新四军为“匪”，一面清剿，一面向前推进。由于敌人的疯狂清剿和反革命的政治宣传，工委警卫连和各县武工队都不稳定，减员严重。10月中旬，边区司令部武装在郎广地区遭到敌人的包围袭击，电台丢失，损失惨重。宣城、长兴两县的武工队都被打垮，彭海涛被捕。11月下旬，工委警卫连连长傅家齐和郎溪武工队的师尚荣胁迫10余名战士携带机枪2挺、步枪10余支叛变投敌。郎广工委剩下张思齐、许道珍等8人，郎溪武工队剩下丁浩等5人，两处合在一起共13人，被称为“十三太保”。广德武工队也减少到13人。

1945年12月底，为了抢占战略要地，准备发动全面内战，国民党撤走了在郎广地区清剿的正规部队。郎广工委抓紧时机积极活动，在苏村一带建立了立足点，发展了一批党员，逐步扩大了活动范围，胜利地经受了国民党新七师的第二次清剿。

1946年2月，彭海涛从杭州越狱归来，回到郎广工委。

全面内战爆发后，新七师调往苏北，被解放军全部歼灭。消息传来，人心大快，在敌人内部引起很大震动。1946年7月，被迫在国民党誓节乡公所当兵的原游

苏浙皖边区司令部旧址（杨滩镇五合村）

张思齐(1917—1989),广德人,抗战时期任中共广郎中心县委书记、苏皖特委书记。解放战争时期曾任郎广工委书记、苏浙皖边区工委常委、组织部长、天西分工委书记

彭海涛(1917—1987),原名许道琛,广德人,抗战时期,任广郎县工委负责人、宣城县委书记;解放战争时期,先后任郎广分工委委员、广宁孝县工委书记兼县长等职

丁浩,浙江杭州人,抗战时期任中共苏皖特委特派员、广郎中心县委副书记。解放战争时期曾任郎广工委委员、苏浙皖边区工委委员、郎溪县工委书记

击队战士何增太等串连了10余名士兵发动兵变,携带机枪2挺、短枪5支、步枪16支,投奔郎广工委,增强了游击队的力量。

二、苏皖会师

1946年7月1日,华中分局给熊兆仁、倪南山发出指示信(即《七一指示》),提出了苏南、皖南党和游击队的总任务:放手发动群众,壮大人民力量,积极

胡明（1914—2001），福建同安人，缅甸归侨，时任皖南地委书记

苏浙皖边区司令部司令员熊兆仁（右）与参谋长倪南山（左）合影（1970年）

开展群众游击战争，决定建立苏皖边区军政委员会，集中领导统一指挥两地的斗争。9月，熊兆仁、倪南山率司令部骨干40余人前往皖南与皖南地委书记胡明会师。途经郎广地区时，在郎广工委召开的区级以上干部会议上传达了《七一指示》。11月，熊兆仁到达泾县樵山与胡明会师。皖南地委在泾县濂坑召开扩大会议，决定成立苏皖军政委员会，胡明任主席，熊兆仁任军事部长。原属苏浙皖边区特委领导的各工委都归苏皖军政委员会领导。熊兆仁返回途中向郎广工委传达了皖南地委会议精神，决定将广北划给太滆工委领导，胡惠民任太滆工委委员，负责广北的工作。

三、贯彻《七一指示》和《三八指示》

1946年12月，为了加强苏浙皖边区斗争的领导，华中分局决定撤销边区特委，成立苏浙皖边区工委，钱敏任书记，受华中分局和皖南地委的双重领导。1947年2月，边区工委正式成立，下辖郎广、太滆两个分工委。张思齐任郎广分工委书记，许道珍为副书记。3月8日，华东局发出给皖南党的指示，即《三八指示》指出，全面反攻即将到来，要求大胆放手开展游击战争，开辟第二战场，配合正面战场作战，集中主力创建根据地。

四、向南发展，创建游击根据地

1947年初，郎广工委即趁国民党反动派发动全面内战，后方兵力空虚之际，派史纪昌率领一支20人左右的武装，以五龙山为依托，在群众基础好、地形有利、便于隐蔽的杨冲、花庙边建立了立足点，发展党员，建立群众组织，又派出四个武工组伸向新区，熟悉情况，扩大影响，建立新的立足点。广南武装由最初的一个班发展到一个排，广南县成立时，已发展到一个连，张青任连长，下辖两个排60多人，有轻机枪两挺、长短枪四五十支。武工队的活动扩大到柏垫、独树、笄山、双溪等乡，以及浙江孝丰境内，逐步形成一块纵横

苏浙皖边工委领导人合影（从左至右：王子达、彭海涛、钱敏、孙章录）

1947年上半年，彭海涛率武工队以郎溪鸦山为依托，向宣东发展，创建了宣宁游击根据地。图为郎溪鸦山

数十里的新的游击根据地。

彭海涛率武工队以郎溪鸦山为依托，积极向宣东发展，联络了原宣城武工队的一些失散人员，又改编了一支外围武装，力量逐渐增强，开辟了宣宁地区。

郎溪的武装力量也有了新的发展，郎溪根据地逐步扩大。除了早已建立的苏村区外，又建立了路北和姚村两个区。

6 月成立郎溪、宣宁和广南 3 个县级政权，丁浩、彭海涛、许道珍分别任三个县的县长，史纪昌任广南县副县长。

1947 年 8 月底，孙章录率边区工委武装到达苏村，与郎广分工委武装会合，成立苏浙皖边区大队，彭海涛任大队长，张晖任副大队长。为了贯彻向南发展的方针，边工委派彭海涛率部开辟了以白马庙为中心的广宁孝地区。为了减少领导层次，10 月，边区工委决定撤销郎广分工委，成立郎溪（原郎溪与宣宁两县合并）、广南、广宁孝 3 个县工委，边区工委委员丁浩、许道珍、彭海涛分别兼任三个县工委书记，彭海涛任广宁孝县政府县长。

五、反清剿斗争

郎广地区游击战争的发展引起了敌人的极大恐慌。1947 年 11 月，国民党以主力六十三师和首都卫戍团各一个营为骨干，加上各县自卫队全面出动，深入郎广地区，进行了长达三个月的清剿。1947 年 12 月中旬，苏浙皖边区工委在大吴村一带开会，总结和布置工作。20 日，敌六十三师、首都卫戍团各一个营，以及广德、宁国两县自卫队 1000 余人，分三路包围了大吴村。边区工委武装立即奋起反击，激战 6 个小时，毙伤敌 20 余人，边工委武装伤亡 10 余人。突围后，彭海涛率一连向南转移。24 日，在宁国地村再次被敌六十三师包围，一连牺牲排长以下 20 余人，被俘 10 余人，一连建制被打垮。广南是敌人清剿的重点地区。1948 年 2 月初，敌人集中三四百人的兵力分五路侵犯广南游击根据地。广南警卫连采取“兜圈子”的战术，化整为零，避敌锋芒，虽曾多次与敌遭遇，但未遭受大的损失。下属的四个区都有程度不同的损失。2 月 13 日，一区武工队在杨冲被敌包围，排长陈福才在战斗中牺牲。二区损

杨滩燕子窝伏击战旧址

失最为严重，30 多人的武工队被打垮，只剩下区长刘学良一人。三、四两个区的力量本来就不大，在反清剿斗争中又遭受损失，活动难以开展。为了应对艰难复杂的局面，广南县工委决定三、四两个区合并成立党的工作委员会，张显良、何增太任正副书记。

1948 年 2 月 23 日，苏浙皖边区大队二连，趁敌六十三师撤走之际，在杨滩燕子窝伏击国民党广德县自卫队第四中队和桐汭乡自卫队，毙伤敌 10 余人。缴获一批武器，并击退增援之敌。消息传开，极大地振奋了人心，震慑了敌人。从此，敌地方武装不敢到游击根据地骚扰。

六、巩固老区、发展新区、南进天目山

3 月 11 日，苏浙皖边区工委在泰山召开会议，提出“巩固老区，发展新区”的任务，决定继续向南发展，并在边区大队的基础上组建了苏浙皖边区支队。为了集中使用兵力，边区工委决定将广南县警卫连和郎溪武工队的一个排合并组成边区支队五连。4 月，广南县工委派何增太、王玺率武工组重回四区工作，任命何增太为四区区长。根据县工委指示，何增太率武工组向前延伸，以越石为中心开展工作，及时进行了锄奸肃特的斗争，打击了敌人的气焰，消除了群

众的顾虑，局面逐步打开。四区的活动范围扩大到原二、三区的广大地区。

1948年6月，边区工委常委、组织部长张思齐率10余名干部从广德香居村出发，前往宁国东部，准备进入天目山。

为了加强新区工作，1948年7月，边区工委决定撤销广南县，所辖一区划归郎溪县，二、三、四区划归广宁孝县，史纪昌调任广宁孝县工委委员。

1948年8月，钱敏、孙章录率边区支队两个连及天西武工队到达宁国、昌化边境地区，与泾旌宁宣县委王文石部会合，苏南、皖南两块游击根据地连成一片，组建了天西临时军政委员会，钱敏任主席。不久，皖南地委决定将宁东地区划给苏浙皖边区工委领导，王文石部撤出宁东。天西武工队在宁墩、狮桥、虹龙、昌化先后建立了4个区委。同月，天西分工委成立，张思齐任书记，张之宜任副书记。由于边区工委远离郎广地区，不便直接领导这一地区的斗争，于1948年底，决定撤销郎溪、广宁孝两个直属县，成立路南分工委。王子达任书记，许道珍任副书记。分工委下设柏垫、誓节、泰山和姚塔四个中心区委。

中共苏浙皖边工委会议遗址——仙人寺（四合乡太平村泰山自然村）

柏垫中心区委书记史纪昌、副书记许梦麟；誓节中心区委书记孙德胜、副书记王自强；姚塔中心区委书记王均、副书记韩明奎；泰山中心区委书记高明山（李轩）。

七、广北游击根据地——太滆分工委的后方和基地

苏皖会师后，熊兆仁返回郎广地区，向郎广工委传达了皖南地委会议精神，指示把广北划给太滆工委领导，胡惠明任太滆工委委员，负责广北的工作。1947年2月，苏浙皖边区工委成立，太滆工委改为太滆分工委。分工委书记王子达率领武装进入宜南、广北，组建了分工委直属连，在宜溧广边境穿插活动。

1947年春，根据太滆分工委的决定，广北成立溧郎广办事处和宜广长办事处，胡惠民兼任这两个办事处的主任。溧郎广办事处副主任是李明德，在郎溪的独山、溧阳的三丫桥和广德的下寺一带活动。王章任宜广长办事处副主任，主要在长兴的白岘、煤山，宜兴的太华，溧阳的三丫桥，以及广德的砖桥、下寺一带活动。

《七一指示》传达后，广北武工队开始主动出击敌人。同年秋，广北开展

太滆工委活动中心旧址（江苏宜兴市张渚镇岭下村）

1947年11月，广北武工队夜袭国民党西湖乡公所，缴获步枪15支、子弹500余发。图为位于白水塘的国民党西湖乡公所旧址

分粮斗争。广北党组织和武工队在分粮斗争中，正确把握党的政策和策略，对给游击队提供粮食和给予协助的开明士绅，不但分给他们粮食，而且还给予适当照顾和方便。因此，广北的分粮斗争，起到了发动群众，分化孤立敌人的作用。广北党组织和武工队在群众中建立了良好的社会基础。同年11月，国民党军队加紧了对郎广地区的“清剿”。敌首都卫戍团和地方武装在山北、砖桥等地搜山封岕，移民并村，拷打群众，逼其供出武工队的下落。广北武工队采取针锋相对的办法同敌人进行斗争。同月，夜袭敌西湖乡公所，缴步枪15支、子弹500余发。又派出武工队员对该乡11个保的保长提出警告，不准搞移民并村，否则要他们统统搬家。第二天，保长们都跑到乡公所喊冤叫苦。西湖乡的移民并村计划只好不了了之。

1948年春，广北成立溧郎广区委（又称山北区委）和宜广长区委（又称流洞区委），李明德任溧郎广区委书记，宋亚欣任宜广长区委书记，后来宋亚欣调走，王章任书记。

太滆分工委武装在广北武工队的配合下，频繁出击敌人，取得重大胜利。3

胡惠明（1911—1975），抗战时期任中共广德县委组织部长、区委书记；解放战争时期先后任郎广工委委员兼广德县特派员、中共太滆分工委副书记，负责广北的工作

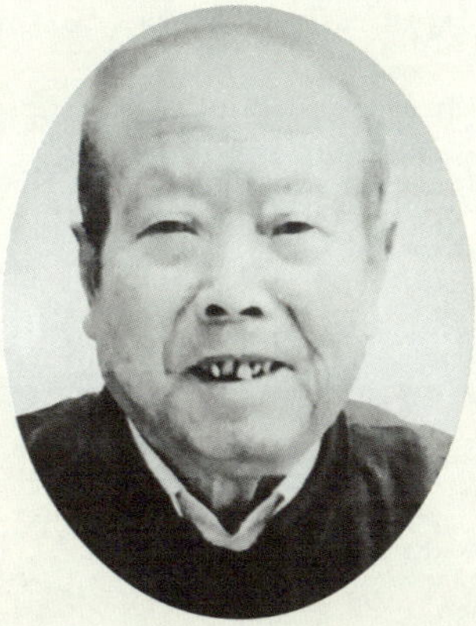

李明德（1911—2003），安徽省广德县邱村镇项村人。1943年底参加革命，先后担任西湖乡农会主任，广北武工队班长、组长，溧郎广办事处副主任、中共山北区委书记兼区长等职。新中国成立后，历任广德县大队副政委、广德县人民政府县长、中共广德县委书记、中国人民解放军建设兵团四师十八团副团长等职

月2日，在金鸡岕伏击敌溧阳县戴埠、三丫、横涧三乡联防队，毙伤敌17人，俘8人，缴机枪1挺、步枪12支。5月，在水东岕桃山口伏击敌杭村乡中队，除尖兵一人逃跑外，全歼该敌，俘敌乡长、中队长以下20余人，毙伤敌10多人，缴机枪1挺、短枪4支、步枪20余支。

10月，太滆分工委书记王子达调路南工作，徐行接任太滆分工委书记，胡惠民任副书记。

1949年1月28日，太滆分工委武装在广北武工队的配合下，通过内线一举攻克砖桥敌据点，击毙敌分队长，缴机枪1挺、步枪20余支，俘敌20余人。31日，攻打山北敌据点，在敌分队长的策应下，攻入敌乡公所，缴获机枪1挺、

步枪30余支，迫使这个分队的40余名敌人全部投诚。至此，广北游击根据地连成一片。

1949年1月，无锡江苏省立教育学院等大专院校的一批学生，因参加“反饥饿、反内战、反迫害”的爱国民主运动，遭国民党当局追捕、通缉，由当地地下党组织安排转移到广北参加革命。太滆分工委成立了由这些青年学生组成的宣教组，负责对外宣传和游击队的政治学习与文化活动。2月，创办了油印小报《太滆电讯》，刊登新华社播发的中央文件、社论和消息，报道游击队的战斗生活，表彰有功人员，在鼓舞士气、威慑敌人方面发挥了重要作用。

4月20日，中国人民解放军发动渡江战役，胜利渡过长江。24日，分工委兵分三路向宜兴、溧阳和广北进军。徐行、胡求真、宋亚欣、张醒之率部接管宜兴，张之宜、胡惠民、王章率部接管溧阳，李明德、韩寿德、杨少清等接管广北。山北区委派出武工队到邱村一带活动，监视敌人，保护那一带的两座粮库安全。途中，国民党门口乡中队20余人由一个姓晏的副队长带领，在金鸡笼向武工队投诚。

百万雄师过大江（油画）

八、策应大军渡江

1949年初，正面战场捷报频传，辽沈、淮海、平津三大战役相继取得了伟大的胜利。路南分工委和在广北活动的太滆分工委，根据皖南地委和苏浙皖边区工委的指示，抓紧有利时机，采取各种有力措施，巩固和发展革命的大好形势，积极准备迎接大军渡江。路南分工委副书记许道珍加强了统战工作，通过各种渠道对国民党地方武装进行策反，取得重大进展。从4月下旬到5月初，先后有国民党柏垫联防区、柏垫、独树、桐汭、苏村、凤井、花鼓、誓节、景贤（城关）、高湖和双溪等乡镇武装，以及县国民兵团（自卫队）第二连、第一连一部和第五连一个排起义或向我投诚，人员500余人，有机枪8挺、长短枪480余支。

1949年4月下旬，中国人民解放军第三野战军第三十三军后续部队通过誓节渡木桥

广德老百姓给解放军当向导

第三十三军于1949年4月28日在广德县东北部地区截歼南京、镇江等地南逃之敌，战果辉煌

在广德追歼时，我军前哨部队与南逃敌军遭遇，我军后续部队听到枪声，飞渡小桥，英勇参战

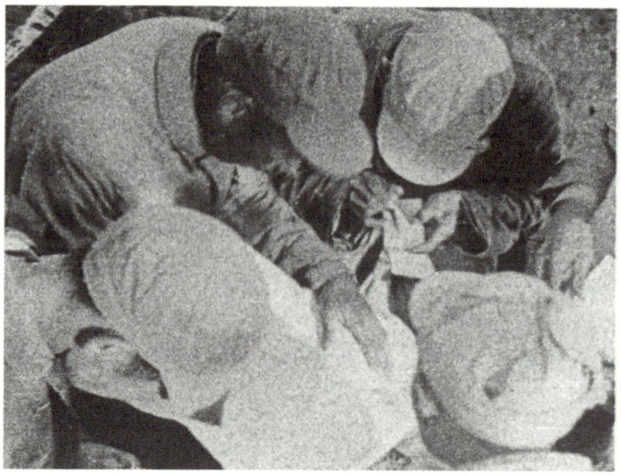

我军指挥员察看军事地图，布置战斗

敌人向我军缴械投降

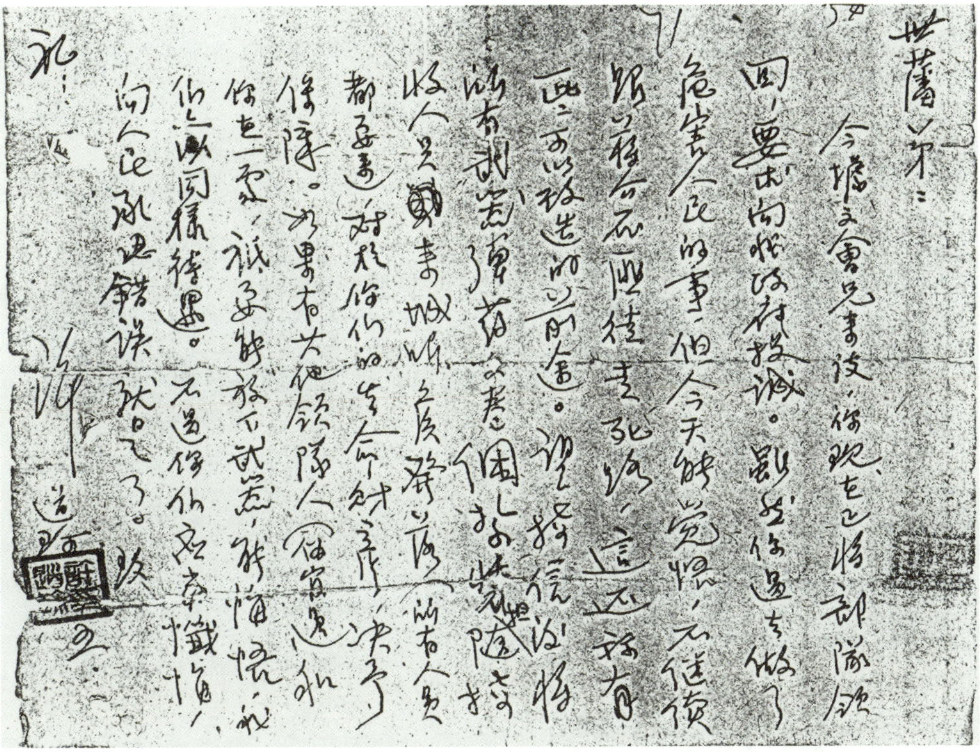

许道珍写给佘世藩（国民党广德县国民兵团第一连连长）的劝降信，佘世藩接信后即遵照许道珍的指示，率领一连余部，携带武器弹药向人民政府投诚

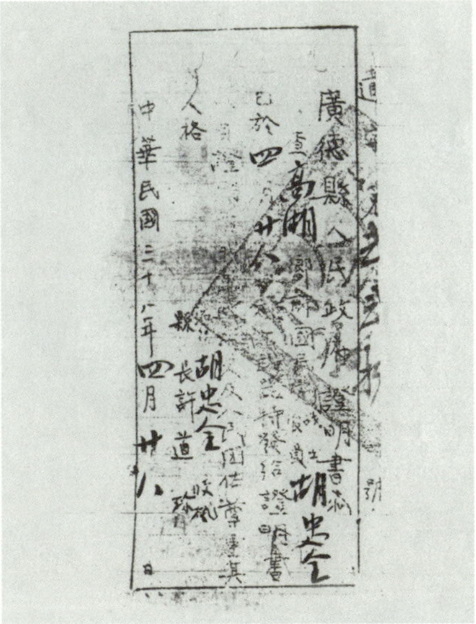

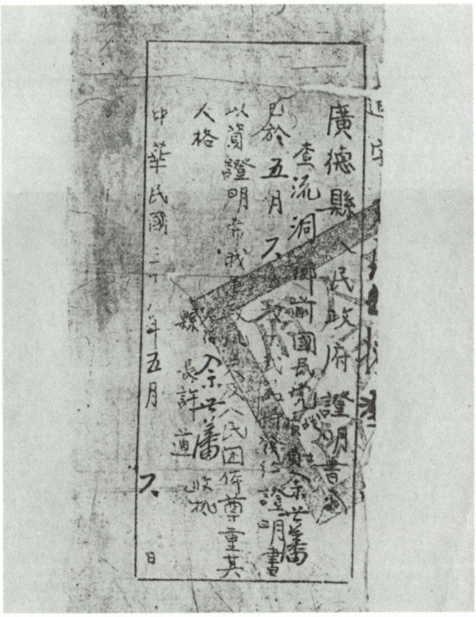

广德县人民政府发给国民党放下武器人员的证明书

九、广德围歼战

人民解放军突破江防后，驻南京、镇江等地的国民党第四、第二十八、第四十五和第六十六军仓促向杭州方向撤退。由于京杭国道被切断，敌人被迫转入广德境内。4 月 28 日—29 日，在三野第九兵团司令员宋时轮的统一指挥下，解放军将逃敌围歼于广德北部和东北部地区，俘敌第六十六军军长罗贤达、第四军副军长李子亮、第四十五军副军长陈阵以下官兵 6 万余人，取得了渡江战役第二阶段的伟大胜利。为了支援前线，地方和部队共同组织了广德县支前委员会。从 4 月底至 5 月初，广德共接待了 9 个军的部队，为部队提供了大量的粮食，仅城关就支援粮食 40 余万斤。

宋时轮（1907—1991），湖南醴陵人，中华人民共和国开国上将，时任三野第九兵团司令员

十、广德解放和广德人民政权的建立

1949 年 4 月 20 日晚 8 时，人民解放军发起渡江作战，胜利渡过长江，开始了向国民党统治区的大进军。苏浙皖边区工委从收音机里收听到大军渡江的消息后，立即对迎接解放军和接管工作作了部署。命令许道珍、史纪昌接管广德。李明德、杨少清、韩寿德接管广北。26 日，三野第二十七军解放广德。同日，史纪昌率部向广德进发。许道珍留在小范村处理国民党柏垫联防区主任朱学礼投诚事宜。许梦麟代表柏垫中心区委在大范村接受朱学礼投降。27 日，史纪昌进城，与驻广德的三野第

聂凤智（1913—1992），中华人民共和国开国中将，湖北省黄安人，时任第二十七军军长

九兵团供给部长取得联系。为稳定社会秩序，组织群众支前，挂出了“广德县民主政府”的牌子，进行工作，并向附近几支游击队传达布置了任务，社会秩序很快走向正常。

4月28日，许道珍进城，组成广德临时政权机构。5月8日，随军南下的察哈尔冀中五支队四大队59名干部（实到58名）在张佐文、张受益的带领下抵达广德。5月9日，中共广德县委、广德县人民政府正式成立。许道珍任县委书记兼县长，张佐文任副书记，张受益任副县长。随着人民政权的建立，广德进入一个新的历史时期。

史纪昌（1925—1988），解放战争时期曾任郎广工委直属队队长，广南县副县长、中共柏垫中心区委书记

大范村受降旧址

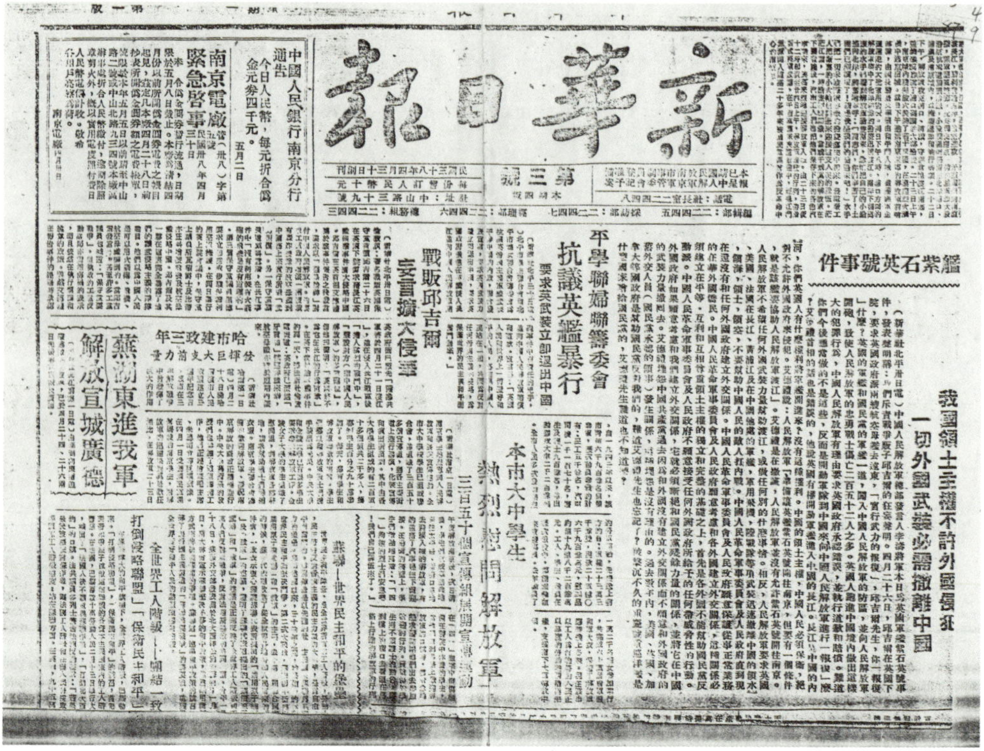

新華日報

第三號

中國人民銀行南京分行通告

今日人民幣，每元折合金元券四千元。

五月二日

南京電廠緊急啟事

紫石英號事件

我國領土主權不許外國侵犯 一切外國武裝必需撤離中國

平學聯婦聯籌委會 抗議英艦暴行

要求英武裝立即退出中國

戰販邱吉爾 妄言擴大侵華

本市大中學生 熱烈慰問解放軍

蕪湖東進我軍 解放宣城廣德

《新华日报》报道广德解放的消息

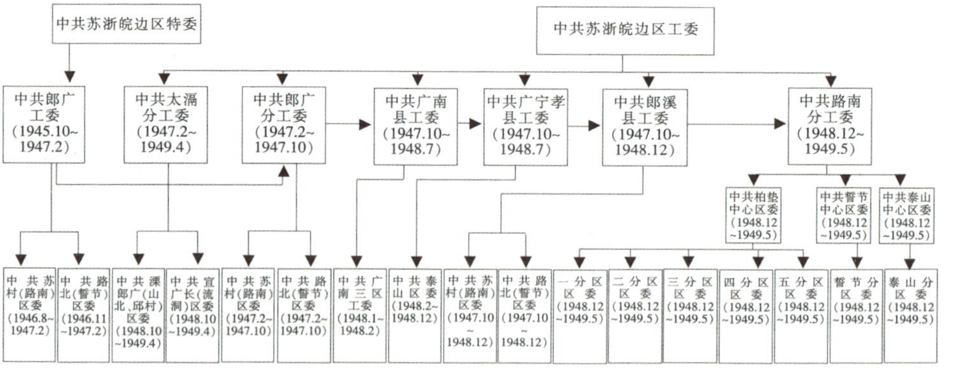

全国解放战争时期广德县党组织沿革表

第二章　革命遗址

广德红色资源丰富，共有革命遗址52处，它们铭刻着中国共产党人带领广德人民不懈斗争的光辉历程，是我们开展党史教育、爱国主义教育和革命传统教育的生动课堂。

党的创立和大革命时期

广德县“五四”爱国运动委员会遗址

夫子庙广场步行街（摄于2021年4月）

广德县“五四”爱国运动委员会遗址位于广德市桃州镇夫子庙广场。

1919年5月4日，北京学生集会反对巴黎和约，要求惩办北洋军阀政府亲日派官僚。消息传到广德引起强烈的反响，广德县立第一高等小学（现桃州镇实验小学）校长彭鸣皋和县立第二高等小学（现誓节镇中心小学）校长许俊，联合广德县各小学校长、教员30余人，于5月8日成立了“广德县‘五四’运动委员会”，会址设在第一高等小学内。学生罢课三天。9日，在南门夫子庙广场举行大会，声援北京学生的反帝爱国斗争，到会的有18所学校的师生1000余人，会后举行了游行示威。游行队伍手持小旗，沿途张贴标语，散发传单。“打倒日本帝国主义！”“废除二十一条！”“收回租界！”“对日经济绝交！”“不用日货、不买日货、提倡国货！”的口号响彻全城。10日和11日两天，各校学生分组上街宣传，检查日货，商人听了宣传很受感动，有的主动把日货交出来，表示今后不再卖日货。

参考文献：
中共广德县委党史办公室编：《中国共产党广德地方史》第一卷（1921—1949），2011年8月内部出版，17—19页。

广德县民众革命集会遗址

夫子庙广场（摄于 2021 年 4 月）

广德县民众革命集会遗址位于广德市桃州镇团结东路夫子庙广场。

1919 年“五四”运动暴发后，9 日，广德县“五四”运动委员会在此举行群众集会，声援北京学生的反帝爱国斗争，到会的有 18 所学校千余名师生。这一年暑假，广德旅外同学会组织了演讲团，开展轰轰烈烈反帝爱国宣传活动，他们在夫子庙明伦堂上演一个多月文明戏，每次都座无虚席，启发了群众的觉悟，鼓舞了反帝斗争的勇气。

1925 年，上海“五卅”惨案发生，激起广德人民的义愤。10 日，广德各界二千多人在此举行大会，省立十二中学校长（现广德中学）汪淮在会上报告了“五卅”惨案的经过，各界代表纷纷上台发言，愤怒谴责帝国主义屠杀中国人民的罪行，坚决支持上海人民的正义斗争。

1927 年 3 月 6 日，北伐军第二军进驻广德。8 日，县城各界数千人在此举行军民联欢会，副军长鲁涤平、四师党代表李六如、五师党代表方维夏都在会上发表演讲。3 月 12 日，北伐军第二军在夫子庙广场举行纪念孙中山逝世 2 周年大会。

参考文献：
中共广德县委党史办公室编：《中国共产党广德地方史》第一卷（1921—1949），2011 年 8 月内部出版，17—32 页。

广德县“五卅”惨案后援会遗址

夫子庙广场（摄于 2021 年 4 月）

广德县“五卅”惨案后援会遗址位于广德市桃州镇县城夫子庙广场。

1925 年 5 月 30 日，帝国主义巡捕在上海公共租界开枪屠杀示威群众，制造了震惊中外的“五卅”惨案。消息传到广德，激起广德人民极大的愤慨。6 月 5 日，县教育局和省立第十二中学（现广德中学）发起成立了广德县“五卅”惨案后援会，会址设在省立第十二中学。下设文书、募捐、游行、宣传和纠察等股。在后援会的号召和组织下，广德各界纷纷罢课、罢市，声援上海工人反帝国主义运动。中小学生自 6 日起罢课 4 天，满怀义愤上街查抄日货，当场焚毁。学生还在街头贴标语，散传单，进行演讲，揭露帝国主义侵略中国、封建军阀勾结帝国主义出卖国家主权的罪行。9日上午，省立第十二中学百余名师生上街游行，高呼“援助上海被害同胞！”“严正交涉！”“取消不平等条约！”“反对英日同盟！”等口号。游行队伍悲愤异常，秩序整肃。下午，全校师生四处演讲，控诉帝国主义的罪行。10日，广德各界两千多人在夫子庙广场举行大会，省立第十二中学校长汪淮在会上报告了“五卅”惨案的经过，各界代表先后在会上发言，声讨帝国主义屠杀中国人民的罪行，坚决支持上海人民的正义斗争，会后举行了声势浩大的示威游行。后援会在各界开展募捐活动，人民群众慷慨解囊，纷纷捐款。中小学生在城乡举行义演，把演出所得全部捐赠。第十二中学师生捐大洋一百余元，汇给上海学联，援助罢工工人。

参考文献：
中共广德县委党史办公室编：《中国共产党广德地方史》第一卷（1921—1949），2011年8月内部出版，19—22页。

广德县“五卅”惨案外交后援会誓节渡分会遗址

誓节镇中心小学（摄于2010年8月）

广德县“五卅”惨案外交后援会誓节渡分会遗址位于广德市誓节镇中心小学。

1925年，上海“五卅”惨案发生，激起誓节人民的强烈愤慨，县立第二高等小学（现誓节镇中心小学）校长阮维贤、教导主任汪泰清，组织一百多名学生上街游行，查抄日货，把查出的英、日货当街销毁。活动连续进行了5天，并深入到合溪口、牌坊村、朱家庄、康村等地。7月，旅沪学生回到广德，成立了广德县“五卅”惨案外交后援会，在誓节渡成立了分会，会址设在县立第二高等小学。分会广泛开展募捐活动，募得一百一十元现洋，汇往上海“五卅”惨案后援会，以实际行动支持上海工人的斗争。

参考文献：
中共广德县委党史办公室编：《中国共产党广德地方史》第一卷（1921—1949），2011年8月内部出版，19—22页。

土地革命时期

中共广德直属小组成立会议遗址

中共广德直属小组成立会议遗址

中共广德直属小组成立会议遗址位于广德市桃州镇迎春街农贸市场。

1921年，中国共产党成立后，马克思主义在各地广泛传播。广德旅外学生在学习和斗争实践中接触了马克思主义，从中得到教育和启迪。一些具有激进民主主义思想的青年，如梁其昌、许杰、刘永昌、周鹤甫、刘格非、王金林等，很快树立起对马克思主义的信仰，毅然加入了中国共产党。

1928年12月，梁其昌代表沪宁路区党组织派黄老四（郎溪人，原名黄中道）、黄烂腿（化名）、刘格非来广德开展工作，王金林也应约回广。同月黄老四、刘格非、王金林、周鹤甫、黄烂腿、刘永昌6人，在迎春街刘永昌家召开了第一次党员会议，正式成立中共广德直属小组，负责人黄老四。会议决定由王金林掩护黄老四去花鼓塘黄金坝一带做农运工作，王金林以县立第一高等小学（现桃州镇实验小学）教员的身份作掩护，从事党的地下工作。

中共广德直属小组成立会议遗址（摄于2010年8月）

参考文献：
中共广德县委党史办公室编：《中国共产党广德地方史》第一卷（1921—1949），2011年8月内部出版，34页。

王金林故居遗址

王金林故居（摄于2010年5月）

王金林故居遗址位于广德市誓节镇向村村黄金坝自然村。

原故居为前后两进，两侧厢房相连，呈“回”字型布局的草房，坐北向南。王金林同志牺牲后，被国民党反动派放火焚毁。现存房屋为其妹王金山在原址所建。

王金林，安徽广德人，1903年10月28日诞生在广德县花鼓乡黄金坝的一个农民家庭里。1919年，他在誓节渡广德县立第二高等小学读书，积极参加了反帝反封建的五四爱国运动。1921年，王金林考入设在安庆的安徽省立第一甲种农业学校就读。

1928年4月，王金林考入安徽大学预科。8月，转入文学院政治系。同年8月，由同学刘格非介绍加入中国共产党。1928年12月，中共沪宁路区党组织派人来广德开展工作，王金林应约由芜湖回到家乡，参与组建了广德的第一个党组织——中共广德直属小组。1929年2月，直属小组上升为中共广德特支，王金林是特支负责人之一。同年冬，中共广德县委成立，王金林任书记。县委成立后，即根据党的八七会议制定的实行土地革命和武装反对国民党反动派的总方针，着手进行武装暴动的准备工作。12月1日，王金林以给母亲做寿为名，筹集活动经费，召开秘密会议，讨论暴动问题。会后，邓国安去上海，通过关系在德国谦信洋行买回4支手枪。1930年3月，王金林和邓国安从当时最为迫切的粮食问题着手，发动和组织花鼓塘一带的农民开展大规模的分粮斗争。威震遐迩的广德暴动以分粮斗争为标志，揭开了斗争的序幕。

参考文献：
中共广德县委党史办公室编：《中国共产党广德地方史》第一卷（1921—1949），2011年8月内部出版，25、34—38页。

中共广德县委成立大会遗址

中共广德县委成立大会遗址（摄于2010年8月）

中共广德县委成立大会遗址位于广德市誓节镇绿林村董家冲（董家铺）自然村。

1928年底，中共广德直属小组成立，在广德西乡开展了组织发展工作，邓国安、张国泰等先后入党。1929年2月，在中共沪宁特委张震同志帮助下，成立了中共广德特别支部，负责人张震、王金林等，隶属中共江苏省委领导，并建立了城市、誓节渡、孝岷塘（花鼓塘）、城市学生四个支部，党员20人。

1929年秋，广德地区蝗虫成灾，大片土地颗粒无收，第二年春荒严重。地主奸商囤积粮食卖高价，“升米六百文尚无买处”，加上连年兵匪为患，灾难深重的广德人民被逼得走投无路，反抗情绪日益增长，出现了农民自发到地主家“吃大户”的现象。为了适应形势发展的需要，因势利导地组织农民开展斗争，1929年冬，特支在花鼓塘附近的董家冲（董家铺）召开全体党员大会，正式成立中共广德县委，属中共江苏省委领导，王金林任书记。会后，王金林、邓国安即着手进行武装暴动的准备工作。

参考文献：
中共广德县委党史办公室编：《中国共产党广德地方史》第一卷（1921—1949），2011年8月内部出版，34、35页。

皖南红军独立团成立大会遗址

皖南红军独立团成立大会遗址——杨滩镇独树街（摄于 1996 年 3 月）

皖南红军独立团成立大会遗址位于广德市杨滩镇独树街。

1930 年 3 月，王金林和邓国安从当时最为迫切的粮食问题着手，发动和组织花鼓塘一带的农民开展大规模的分粮斗争。先后在董家冲、陈塘、戈村等地分掉大地主的粮食十多万斤，并缴获了一些枪支。威震遐迩的广德暴动以分粮斗争为标志，揭开了斗争的序幕。王金林领导的皖南红军游击队也在这时成立，分粮斗争胜利后，迅速转入武装斗争。4 月，王金林率部到独树街活动。贫苦农民和纸工纷纷报名参加红军游击队。同时加强了对敌军的策反工作。敌军中不断有人向红军投诚，有的则率队起义加入红军。

广德是南京的南大门，历来为兵家必争之地。王金林点燃的星星之火，也使国民党政府甚为不安。1930 年 4 月，国民党首都卫戍团团副李元凯奉命率一个营来广德，对红军发动第一次清剿。王金林指挥红军游击队，采取“避敌主力，伺机出击”的方针，日蔽夜行，分散活动，打得敌人晕头转向，疲于奔命。在广德南部山区，红军连续袭击国民党的地方武装，击毙 3 名区长，在敌人内部引起一片惊慌。首都卫戍团清剿数月毫无进展，不得不于 9 月撤回南京，敌人的第一次清剿以失败告终。

广德武装斗争的兴起，受到上级党委的高度重视。中共江苏省委、江南省委和皖南特委先后派邱宏毅、李邦兴、陈林等来广德工作。1930 年 10 月上旬，经中共江南省军委批准，皖南红军独立团在独树街宣告成立，王金林任团长，邱宏毅任政治委员，李邦兴任副团长兼参谋长。独立团下辖二、三两个营 7 个连，红军战士有 600 余人，长短枪 260 余支。

参考文献：
中共广德县委党史办公室编：《中国共产党广德地方史》第一卷（1921—1949），2011 年 8 月内部出版，41—42 页。

半边天伏击战遗址

废弃的半边天古道（摄于 2009 年 12 月）

半边天伏击战遗址位于广德市桃州镇团山村蔡家岭自然村北约 500 米处的半边天。

此处为昔日梨山至广德的必经之路。上为数十丈的悬崖陡壁，下为临河深渊，两头一拦便进退维谷。

1930 年 4 月，国民党南京卫戍团团副李元凯奉命率部来广德对皖南红军游击队发动第一次清剿，企图把广德暴动扼杀在摇篮中。中共广德县委书记、皖南红军游击队队长王金林指挥红军游击队采取“避敌主力，伺机出击”的方针，日蔽夜行、分散活动，打得敌人晕头转向，疲于奔命。8 月间，红军侦得国民党广德县政府任命的南五区（梨山）区长杨又新带着一帮随从前往赴任，红军战士提前埋伏在半边天两端。当杨又新乘坐一顶大轿进入半边天,两边齐声喊打,战士们一起向杨又新的人、轿冲去。随着驳壳枪一声枪响，杨又新中弹，连人带轿翻滚到两三丈深的河里，其余随从一个个束手就擒，前后十几分钟就胜利结束战斗。此后，红军游击队又采取同样的战术击毙了南七区区长琚启炳和另一名区长张绍池，在敌人内部引起一片恐慌。

参考文献：
中共广德县委党史办公室编：《中国共产党广德地方史》第一卷（1921—1949），2011 年 8 月内部出版，40 页。

合路口截粮战斗遗址

合路口截粮战斗遗址（摄于2010年7月）

合路口截粮战斗遗址位于广德市桃州镇山关村合路口自然村，距横山约4公里。

1929年秋，广德螟虫成灾，粮食歉收，第二年春荒严重，而大地主却囤积居奇，抬高粮价，贫苦农民吃粗糠咽野菜，借讨无门。1930年3月，中共广德县委领导人王金林从解决农民的饥荒入手，组织发动农民开展分粮斗争，揭开广德暴动的序幕。先后分掉董家冲、六家铺、东冲、戈村、陈塘村等大地主的粮食10多万斤。

1930年5月的一天，杨杆大地主魏干成家长工向红军游击队报告，魏干成家有50多辆车（独轮手推车）的粮食于第二天运往县城。王金林、邓国安、龚守德等决定组织行动，把粮食全部拦截下来。次日，当魏干成的粮车来到合路口，那位向红军报告消息的车夫假装累了歇脚，把车停在路上，后面的车也都歇下来。这时以龚守德为首的几十个游击队战士、赤卫队员，从树林中跳出来拦在路中，魏干成的管家拔出手枪企图顽抗，被旁边一位车夫用棍打翻在地，手枪飞到田里。一霎时，游击战士、赤卫队员一拥而上，把6万多斤粮食截获，分给了贫苦的农民。

参考文献：
1. 中共广德县委党史办公室编：《中国共产党广德地方史》第一卷（1921—1949），2011年8月内部出版，39页。
2. 中共广德县委党史工作委员会编：《桐汭风云》，1996年12月内部出版，第27页。

稻堆山追袭战遗址

稻堆山追袭战遗址位于广德市柏垫镇三河村稻堆山。

1930 年 10 月，王金林指挥游击大队主力在莫村袭击队长任升率领的国民党广德县自卫队 60 余人。在游击队优势兵力的攻击下，敌人一触即溃。游击队乘胜追击，从莫村一直追到田里戈村的稻堆山，俘敌 3 人，打死 1 人，任升的战马也被缴获。敌人狼狈不堪地逃回县城。第一次反“清剿”胜利结束。

稻堆山追袭战遗址（摄于 2009 年 12 月）

参考文献：
中共广德县委党史办公室编：《中国共产党广德地方史》第一卷（1921—1949），2011 年 8 月内部出版，40—41 页。

碉堡山革命烈士墓

碉堡山革命烈士墓（摄于2021年5月）

碉堡山革命烈士墓位于广德市杨滩镇独树街东约100米的东山岗上。

碑文：独树革命历史悠久，是抗日战争和解放战争的重要根据地。多名英烈为独立和解放事业献出了宝贵的生命，独树人民永远铭记于心！八十年代县委、县政府于此树立革命烈士纪念碑，二〇一〇年七月独树革命老区项目重新修缮，以慰英灵！

二〇一〇年七月

2008年10月被中共广德县委命名为县级爱国主义教育基地。

（杨滩镇政府　供稿）

皖南红军独立团牛角冲驻地旧址

皖南红军独立团牛角冲驻地旧址（摄于2021年5月）

皖南红军独立团牛角冲驻地旧址位于广德市柏垫镇同心村牛角冲顶部。

旧址为平面呈亚字形板筑土墙房屋，称为廖家大院。1930年10月，国民党57师342团对皖南红军独立团发动第二次反“清剿”。12月，红军在浙江孝丰门东村战斗失利，红军在王金林率领下边打边撤，突围后撤到牛角冲驻扎。后经遐嵩林、月克冲、金龙山等地，辗转来到独树街一带的山区，又陆续集中了一部分突围出来的战士。1931年1月，王金林率部到郎溪鸦山进行整编。整编后即转移到黄金坝一带活动。

参考文献：
中共广德县委党史办公室编：《中国共产党广德地方史第一卷（1921—1949）》，2011年8月内部出版，第49、49—52页。

王大亚烈士墓

王大亚烈士墓原在广德县柏垫镇同心村牛角冲村口的山坡上，2014 年 11 月迁到广德市烈士陵园。

王大亚，广德石鼓毕沟人，1930 年参加中共广德县委领导的农民暴动，任赤卫队经济保管员。4 月，随王金林率领的红军游击队到独树街一带活动，受命前往独树街国民党民团马忠海部策反获得成功。马部 30 余人携带枪枝起义，加入红军游击队，为皖南红军独立团的成立立下了功劳。1931 年初红军第三次反清剿斗争中，皖南红军独立团进入牛角冲活动。部队转移后，他为看护病重的战友，继续留守廖家大院驻地。4 月的一天，被敌人发现，在激战中壮烈牺牲，后被村民掩埋于此。

2008 年 5 月，柏垫镇人民政府、同心村村民委员会将王大亚烈士墓重新进行了整修。2008 年 10 月被中共广德县委命名为县级爱国主义教育基地。2014 年 11 月迁到广德市烈士陵园。

参考文献：
1. 中共广德县委党史办公室编：《中国共产党广德地方史第一卷（1921—1949）》，2011 年 8 月内部出版，第 37 页。
2. 中共广德县委党史工作委员会编：《桐汭风云》，1998 年 9 月内部出版，第 25、28 页。
3. 中共广德县委党史工作委员会编：《先驱者的足迹》，1991 年 6 月内部出版，第 18、19、20 页。

张国泰烈士墓

张国泰烈士墓位于广德市誓节镇东冲村松林湾自然村南 100 米的丘岗凹地里，2014 年 11 月迁到广德市烈士陵园。

1910 年 8 月，张国泰出生在广德县誓节镇花鼓村下山斗村一个地主家庭，先后就读于广德县立第一高等小学、浙江湖州吴兴公学和安庆东南中学。1928 年 5 月，日本帝国主义制造的济南惨案发生，激起了全国人民的愤慨，正在吴兴公学求学的张国泰奔走呼号，发动所在学校的学生奋起反抗，参加爱国运动，成立学联，打开了湖州学生爱国运动的局面。1928 年秋，张国泰在安庆东南中学期间加入了中国共产主义青年团，12 月由安庆回到广德，参加了中共广德党组织领导的革命活动。1929 年参加中国共产党。在 1930 年 3 月王金林、邓国安发动领导的广德暴动中，张国泰任中国共产主义青年团广德县委员会书记。在他的领导下，共青团员们刻印、散发传单，在街巷、路旁书写标语口号，干得有声有色，起了先锋模范作用，有力地配合了红军独立团的武装斗争。

1931 年，当广德人民的革命斗争出现危机的时候，他以一名共产党员对党、对革命高度负责的态度，和县委书记邓国安及省委派来检查指导工作的代表一起，联名向省委如实反映问题，提出解决问题的意见。

张国泰虽然出生在地主家庭，但他立场坚定，毅然走上革命道路。他曾要求家庭卖掉田产为红军购买枪支。1931 年 8 月，张国泰在文昌宫做地方工作，被国民党保安团发现，不幸中弹牺牲，后由族人安葬，2014 年 11 月迁到广德市烈士陵园。

参考文献：
中共广德县委党史工作委员会编：《广德党史——党史人物革命英烈专辑》，1986 年 7 月内部出版，第 18、19、40、41、42、43 页。

刘祖文被捕地遗址

刘祖文被捕地遗址（摄于 2010 年 8 月）

刘祖文被捕地遗址位于广德市桃州镇钱村村稻谷冲自然村。

1931 年 10 月，广德暴动失败后，赤卫队总队长刘祖文前往上海寻找党组织。因一二八战事爆发，没有与组织联系上，只好离开上海。因为没有盘缠，他一路乞讨，辗转到达郎溪，投奔亲友家栖身。1932 年夏，刘祖文再次赴沪，寻找党的组织，终于与组织取得联系。党组织了解情况后，决定让他回广德开展工作。刘祖文回广德后活动在誓节渡的后村一带，并很快组建起一支 10 多人的武装。当时白色恐怖严重，加上内部人员不纯，纪律不严，活动难以开展。1933 年 11 月 23 日，由于内奸与国民党当局勾结，刘祖文的武装在凤井乡稻谷冲被国民党手枪队包围，大部分人员牺牲，刘祖文不幸被捕，不久，被敌人杀害，年仅 22 岁。面对白色恐怖，刘祖文的革命信念毫不动摇，迎着狂风恶浪坚持战斗，表现出一个革命者难能可贵的大无畏品质。

参考文献：
中共广德县委党史办公室编：《中国共产党广德地方史第一卷（1921—1949）》，2011 年 8 月内部出版，第 61—62 页。

龚守德牺牲地遗址

龚守德牺牲地遗址（摄于 2009 年 8 月）

龚守德牺牲地遗址位于广德市卢村乡甘溪村芮家边自然村中部村级公路边的小河沿上。

龚守德 1930 年参加中共广德县委领导的武装暴动，有智有谋、积极勇敢。同年 5 月，他带领红军战士 20 余人，埋伏在郎溪、广德要道合路口，截获了杨杆大地主魏某等运往县城的粮食 6 万余斤。在皖南红军独立团第二次反“清剿”门东村战斗失利后，皖南红军独立团团长王金林率部在郎溪鸦山进行整编，龚守德被任命为皖南红军独立团第二队队长。1931 年 10 月 16 日，王金林率红军独立团和赤卫队攻打甘溪沟大地主解子俊的民团。解子俊拼凑了十个保的地主武装，枪百余支，凭借地理优势，顽固抵抗，而红军战士则因地形不熟，敌情不清，行动过早暴露，敌人火力密集而无法前进，只得由原路撤回，撤回途中，龚守德不幸遭遇敌人袭击，英勇牺牲，时年 28 岁。

1996 年 8 月被广德县人民政府公布为县级文物保护单位。

参考文献：
中共广德县委党史办公室编：《中国共产党广德地方史第一卷（1921—1949）》，2011 年 8 月内部出版，第 39、50—53 页。

余家堂烈士墓

余家堂烈士墓（2011年6月立碑）

余家堂烈士墓位于广德市柏垫镇杨冲村刘家嘴木子滩。

余家堂，柏垫镇杨冲村人。1929年追随王金林参加农民赤卫队，并参加了1930年的广德暴动，任宣传委员。为敌忌恨，悬赏缉拿。民间传谣：“逮住王金林，一两骨头一两银，逮住余家堂，洋钱过箩筐。”1931年10月22日，王金林率领红军战士和赤卫队员攻打誓节渡守敌，久攻不下。王金林亲临前线指挥，不幸左臂负伤，由军医王东林、警卫员龙明忠和余家堂护送，转移到花鼓塘十八里店附近的汪家冲养伤。因叛徒龙明忠告密，王金林、王东林与余家堂同时被捕。余家堂在广德西门外被杀害。

碑文：余家堂同志生于凤桥杨冲，一九二九年参加革命任赤卫队宣传员，一九三〇年十月牺牲于广德西门，时年二十九岁。

广德县柏垫镇　杨冲村村民委员会

（柏垫镇政府　供稿）

参考文献：
中共广德县委党史办公室编：《中国共产党广德地方史第一卷（1921—1949）》，2011年8月内部出版。

月湾烈士纪念碑

月湾烈士纪念碑位于广德市杨滩镇月湾社区西侧青山头上。

月湾烈士纪念碑（摄于 2021 年 3 月）

碑文：月湾人民有着光荣的革命传统。早在第二次国内革命战争时期，梁其昌烈士就参加了中国共产党，是我县最早的党员之一。自一九三零年皖南红军独立团创建起至一九五三年抗美援朝期间，月湾人民积极参加各个时期的革命斗争，共有三十二位同志为革命事业献出了宝贵的生命。一九四七年十二月二十四日苏浙皖边工委主力与国民党六十三师等部一千余人，在大吴村发生激烈战斗，战士王敬忠，张太清等五同志在战斗中壮烈牺牲。为缅怀革命烈士业绩，教育后代特立此碑，以志纪念。革命烈士永垂不朽！

第二次国内革命战争时期：梁其昌、方松山、梁其贤、胡道彪、郑发典、杨家富、费宗林、费祖文、张宗贵、吴本富、吴光生、刘永康、徐正才、胡宗发、武修冬、吴本聚、冯光才、吴目臣。

月湾烈士纪念碑碑文（摄于 2021 年 3 月）

抗日战争时期：黄天有、涂修琪。解放战争时期：张明秀、王敬忠、张太清、彭周等及三位无名烈士。抗美援朝时期：阎传庭、张庭珍、刘汉文、周发志、罗世才、张顺武。

（杨滩镇政府　供稿）

野鸡冲突围战遗址

野鸡冲突围战遗址（摄于2010年8月）

野鸡冲突围战遗址位于广德市杨滩镇三合村流溪自然村野鸡冲。

1937年1月，蒋介石策划在三个月内消灭南方各游击根据地的共产党组织和红军，调集10余万兵力，分三路进攻皖浙赣游击区。其中三十四师一路从浙江开化出发到达宁广地区，采取“跟班追踪”“日击夜抄”“移民并村”等手段，实行残酷的“清剿”。红军处于极端困难的境地。

1937年2月6日，李冬财指挥特委独立营七八十人，在宁孝交界处中村石壁山与敌1个营激战，在弥漫的云雾掩护下，多次击退敌人的进攻。战斗间隙，红军悄悄撤出阵地，造成四面进攻的敌人互相攻杀。在这次战斗中，红军指战员临危不惧，英勇善战，毙敌营长赵英及排长 1 人。

石壁山战斗后，形势严峻，少数不坚定分子经不起恶劣环境的考验，叛变投敌，部队减员严重。各地建立起来的组织相继遭到破坏，敌人四处搜剿特委武装。为了保存力量，避免遭敌袭击，上浙皖特委决定武装分散活动。邵长河、李冬财率一支二三十人的武装，到广德独树街、誓节渡、铜沟、横冲等地活动，在纸业工人中发展党员和地方武装，还在广德横冲杨玉章家建立了交通站。不久，形势更加恶化。2 月底，宁广游击队在宁国小树坪遭敌袭击，周龙喜牺牲。广德游击队队长徐正华负伤，3 月被敌逮捕，押到宁国县城遭杀害。6 月 2 日（农历四月二十四日），邵长河在广德野鸡冲隐蔽活动时，派地下脱产干部刘某到徐村买粮食。刘被捕叛变，带领敌三十四师一部包围了野鸡冲。红军被打散，邵长河负伤。脱险后，先后在宣城水东孙家发和广德横冲杨玉章家养伤。由于国民党到处“移民并村”，搜捕共产党员和红军，杨玉章将邵长河送到宁国汪溪下庄杨的岳父王秀金家隐蔽。李冬财被冲散，不久在宁国黄瓜岭不幸被捕。至此上浙皖特委在广德的活动终止。

参考文献：
中共广德县委党史办公室编：《中国共产党广德地方史第一卷（1921—1949）》，2011 年 8 月内部出版，第 65—66 页。

抗日战争时期

中共苏村支部革命活动遗址

苏村小学内许道珍革命活动纪念碑（摄于2010年5月）

中共苏村支部革命活动遗址位于广德市誓节镇苏村村苏村小学校园内。

广德党的组织，到土地革命末期，全部遭到破坏。根据皖南特委的指示，许道珍、周嘉琳回广德后的第一件工作，就是在进步青年中发现积极分子，培养建党对象，恢复广德党的组织。他俩首先发展了张思齐、许道琛入党。随后又陆续在青工团中吸收胡惠民等加入党的组织。建党工作的逐步开展，不仅在动委会、青工团中坚持共产党的领导，团结进步青年和各阶层人士积极抗日，起了重要作用，而且为恢复、发展广德党组织打下基础。

可是，国民党推行反共政策，对蓬勃发展的群众抗日救亡活动非常惧怕。国民党安徽省党部和第三战区先后派人来广德调查责问，准备将许道珍、周嘉琳撤职查办。他们被迫于1938年秋离开动委会和青工团。周嘉琳到第四区任庙产调查委员，许道珍到苏村创办了苏村小学。他以此为掩护，继续开展革命活动，在教师、学生和农民中先后发展党员20余人，成立中共苏村支部，许道珍任书记。这是广德党组织在抗战时期第一次重建。根据皖南特委关于大量发展党员的指示，许道珍以苏村为基地，派出党员分别到县城、花鼓塘、十八里店、誓节以及郎溪涛城等地进行党的发展工作，1938年冬，全县党员达100余人，在此基础上，成立中共广德县工委，书记周嘉琳，属中共皖南特委领导。

苏村小学大门（摄于2010年5月）

苏村小学内许氏宗祠遗址（摄于2010年5月）

参考文献：
中共广德县委党史办公室编：《中国共产党广德地方史第一卷（1921—1949）》，2011年8月内部出版，第86—87页。

中共广德县工委秘密联络站遗址

中共广德县工委秘密联络站遗址（摄于2010年5月）

中共广德县工委秘密联络站遗址位于广德市誓节镇老街，距誓节中心小学200米。

誓节渡丁字形街道南街复兴商店，是一爿前为二间瓦房店面、后为三间草房的豆腐坊、屠宰间的商铺。店面门前挂着邮政代办所的牌子和一个邮箱。

1938年冬，全县党员达100余人，在此基础上，成立中共广德县工委，书记周嘉琳，属中共皖南特委领导。同时，中共广德县工委在誓节渡复兴商店设立秘密联络站，为地方党组织提供情报，传递文件、信件、报刊等。①

复兴商店店主许端甫是许道珍同志的三叔，四十岁出头，系中共地下党员，为人耿直，处事果断，善于经商，交游甚广。店员裴传忠18岁，出生于贫寒家庭，待人热情，精明能干，办事可靠。学徒王祥14岁，裴传忠不在时，他就是店员。所以中共广德县工委决定将复兴商店作为党的秘密联络站。

秘密联络站设立后，许端甫同志为了党的事业，不顾身家性命，不瞻前顾后，不露蛛丝马迹，谨慎从事，竭力做好联络站的工作。他利用兄长许济之老先生在广德、郎溪县教育界的声望，结识了不少上层人士，又和青帮人员保持密切往来，团结这些人，搜集了很多重要情报，传送给中共广德县工委和游击队，还为游击队购买药品。由于他及时准确地提供了大量情报，广郎游击队掌握了叛徒乌牧村、张大德的活动规律，将其处决，除了一大祸害。复兴商店还利用邮政代办所的合法业务，把新四军印发的书刊、报纸投递到国民党区公所、誓节小学及有关人士手里，开展我党抗日方针、政策的宣传，扩大党的影响。同时，这里又常常是地方党组织联络聚会的地点，以打麻将赌博掩护革命活动。直到1941年上半年，中共广郎中心县委妇女部长徐竹芳叛变革命，复兴商店关闭。在前后二年半的时间里，复兴商店对革命事业作出了特殊的贡献。[②]

参考文献：
1. 中共广德县委党史办公室编：《中国共产党广德地方史第一卷（1921—1949）》，2011年8月内部出版，第87页。
2. 中共广德县委党史工作委员会编：《桐汭风云》，1996年12月内部出版，第192—196页。

合兴饭店情报站遗址

合兴饭店情报站遗址（摄于2010年5月）

合兴饭店情报站遗址位于广德市新杭镇合兴村泉村自然村。

1939年10月，苏皖特委将许道珍、周嘉琳调离广德，分别分配到宣当芜中心县委和宜溧中心县委工作。郎广地区党组织由陈登科、彭海涛、丁浩负责，继续坚持秘密斗争。党组织在广德北乡横岗、砖桥一带得到发展，一度还扩大到溧阳的桃树岕、宜兴的太华等地。①

据周嘉琳《抗战初期的广德党组织》记载：1940年初，他在担任宜南县工委书记时，经苏皖区党委同意，曾将广德北乡横岗党支部划归宜南工委领导，同时还在宜兴与广德交界的张渚桥涯开了一个合兴饭店，他当老板，张能文当伙计，主要任务是收集情报、掩护党组织的活动，打通苏南与浙西的联系。②

参考文献：
1. 中共广德县委党史办公室编:《中国共产党广德地方史第一卷(1921—1949)》,2011年8月内部出版，第88页。
2. 中共广德县委党史工作委员会编：《桐汭风云》，1996年12月内部出版，第177页。

中共苏皖区党委、苏南行署、新四军十六旅经堂庙干部会议遗址

中共苏皖区党委、苏南行署、新四军十六旅经堂庙干部会议遗址（摄于2009年6月）

中共苏皖区党委、苏南行署、新四军十六旅经堂庙干部会议遗址位于广德市邱村镇下寺村沈村自然村村前。

1943 年 9 月 30 日，日军调集 2 万余兵力，分皖南、苏南、浙西三路向苏浙皖边区发动大规模进攻，国民党闻风而逃，10 月 2 日，广德第四次沦陷。“忠义救国军”支队长黄一平率部投降日军。新四军十六旅旅长王必成率四十六团、四十八团尾随敌后南进收复失地，开展反扫荡、反清乡斗争，11 月 1 日，解放了广德、郎溪北部地区及长兴外围等地。年底，十六旅政委江渭清率部与王必成会合。中共苏皖区党委、苏南行署、十六旅由溧阳南移广德山北、砖桥、新

杭等地，在下寺沈村经堂庙召开干部会议，参加会议的有各地、县和部队团以上领导干部。会议贯彻执行中共中央华中局、苏南行署和新四军军部11月21日指示，部署向南发展，创造中心根据地，开辟广德、郎溪、宣城、长兴广泛游击区，组建地方武装，彻底摧毁敌人特工组织，驱逐敌顽武装及其政权势力，在广德北部山区纸业工人和贫苦农民中大量发展党员，建立党的基层组织，坚持抗日游击战争等工作任务。随后，中共广德县委、广德县抗日民主政府分别在砖桥泉村、新杭水东岕相继成立，广德成为苏南抗日根据地的重要组成部分。

邱村镇党史馆“中共苏皖区党委、苏南行署、新四军十六旅经堂庙干部会议”场景图（摄于2016年8月）

参考文献：
中共广德县委党史工作委员会编：《中共广德党史大事记》，1998年9月出版，第19页。

中共广德县委泉村驻地遗址

中共广德县委泉村驻地遗址位于广德市新杭镇合兴村泉村自然村。

郎广地区的党组织，在1943年上半年遭到严重破坏。新四军十六旅进入郎广，同坚持秘密斗争的广郎中心县委取得联系后，立即派出大量干部深入各地，在纸业工人、贫苦农民中发展党员，建立党的基层组织。1943年12月，中共广德县委在砖桥泉村成立，书记石坚，属苏皖区党委领导。

中共广德县委泉村驻地遗址（摄于2010年10月）

参考文献：
1. 中共广德县委党史办公室编:《中国共产党广德地方史第一卷(1921—1949)》,2011年8月内部出版,第99页。
2. 中共广德县委党史工作委员会编：《中共广德党史大事记》，1998年9月内部出版，第19页。

中共苏皖区党委上保扩大会议遗址

中共苏皖区党委上保扩大会议遗址（摄于2010年7月）

中共苏皖区党委上保扩大会议遗址位于广德市新杭镇路东村上保自然村。

1944年1月20日至2月7日，苏皖区党委在广德上保村等地召开扩大会议，决定将苏南地区划为4个地委和行政分区，其中以广郎为中心成立苏南四地委（即广郎地委）和第四行政分区（即广郎分区），四十八团政委罗维道兼任地委书记，刘烈人为专员，四十八团团长刘别生兼任军分区司令。下辖广德、郎溪、溧南、长兴4个县。苏皖区党委和新四军十六旅调了大批干部到郎广地区担任领导工作。1944年3月，郎广地区党的组织进一步得到发展，广德县建立了3个区委，郎溪县建立了4个区委。到1944年底，郎广地区的党员由新四军十六旅来之前的89人发展到560人。其中广德县有23个支部，292名党员，郎溪县有26个支部，268名党员。

参考文献：
中共广德县委党史办公室编：《中国共产党广德地方史第一卷（1921—1949）》，2011年8月内部出版，第99页。

广德县抗日民主政府驻地遗址

广德县抗日民主政府驻地遗址（摄于2010年8月）

广德县抗日民主政府驻地遗址位于广德市新杭镇横岗村水东岕自然村。

1944年春，苏皖区党委提出，在新的一年里要加强和适当改选民主政权机构，开展民主运动，加强政府各项工作的建设。1月，广德县抗日民主政府在杭村水东岕成立，许道珍任县长。政府下设秘书室、财政科、军事科、货管局、财税科、政宣队、警卫连等机构。不久，又建立了3个区级抗日民主政权（一区：杭村、流洞；二区：山北；三区：白水）和16个乡级政权，广德北乡大部分地区成为抗日根据地。在建立抗日民主政权的过程中，各地贯彻党中央制定的“三三制”原则，县区级政权负责人由新四军委派，绝大多数是党员；部分乡长和绝大多数村长由选民直接选举；新担任的乡、村长，有的是党员或群众组织中的骨干，也有留用的旧职人员。这样既有利于民主参政，也有利于局势的稳定。

参考文献：
中共广德县委党史办公室编：《中国共产党广德地方史第一卷（1921—1949）》，2011年8月内部出版，第100页。

广德市新杭镇横岗村云门寺印刷厂、造纸厂遗址

横岗村云门寺遗址

横岗村云门寺遗址位于板桥组一个茂竹密林的山沟内，遗址面积约 4000 平方米，有 1500 多年历史，庙已被毁，2007 年，云门寺还存有三间青砖、木架、小瓦的平房，后年久坍塌。旧址还存有破碎砖瓦、残碑、石建筑构件。庙原约 1000 米左右，山坡上有和尚坟三座。现存寺碑一座，是清康熙二十四年（1685）重建时所立。古碑位于云门寺旧址中，碑高 2.45 米，宽 1.28 米，厚 0.14 米，普通青石材质；基座高 0.37 米，宽 1.6 米，厚 0.5 米，质地为花岗岩。碑记云：

余按州志，知桐川故多山水佳处，精庐古刹，星棋参错其中，而云门寺尤峰回涧曲，迥然灵异。

1944 年夏天，新四军十六旅四十八团在云门寺建立印刷厂和造纸厂，造纸厂有两架纸槽，占用 16 间房子。纸厂生产的纸主要供应印刷厂，还有一些用于写布告和宣传标语，工人有 30 余人。印刷厂负责印刷《火线报》《烽火台》《苏南报》等抗日宣传材料。《火线报》是十六旅机关办的，《烽火台》是四十八团机关创办的，主要是报导新四军同日伪作战以及反击顽军的前线战斗消息；《苏南报》是苏皖区党委和苏南行署的机关报，主要是宣传中国共产党和新四军的抗日政策和揭露日伪的暴行以及国民党顽军故意制造摩擦的亲日行为，号召根据地人民团结起来，共同抗日反顽，争取抗日战争的最后胜利。这里工人最多时有 100 余人。在天目山反顽战役期间，云门寺还临时作为苏浙军区的后方医院，医疗部队临时驻扎，救治在杭村一带抗战受伤的新四军战士。

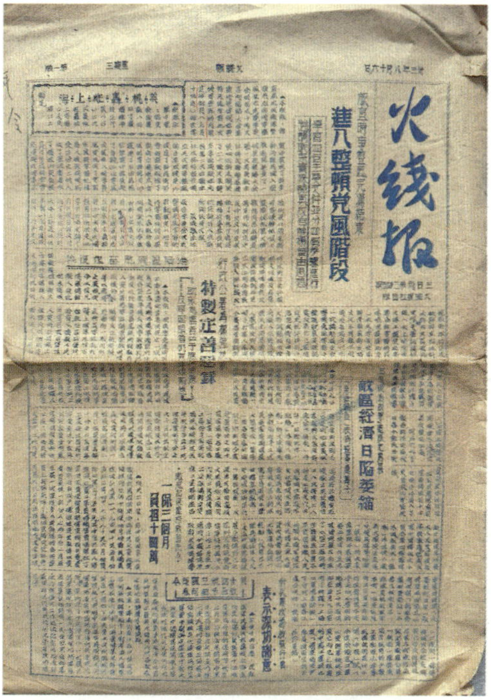
火线报
進入整頓党風階段
敵區經濟日臨萎縮

《火线报》（1944 年 8 月 16 日）

（新杭镇政府　供稿）

参考文献：
中共广德县委党史办公室编：《中国共产党广德地方史第一卷（1921—1949）》，2011 年 8 月内部出版，第 98 页。

新四军棉被厂遗址

新四军被服厂设在箭穿村海眼组开明绅士黄朝舜的高墙瓦屋内，他与广德县抗日民主政府县长许道珍是同学，他同情革命，同情共产党，支持新四军抗日。新四军遂利用他与国共双方的特殊关系，把被服厂设在他家。被服厂当时有工人60余人，32台脚踏缝纫机，统一缝制子弹袋、被服、蚊帐、军服等，颜色都是蓝灰色的。

被服厂生产照片

（新杭镇政府　供稿）

棉被厂遗址（摄于2017年3月）

慈姑山战役纪念碑

慈姑山战役纪念碑（摄于2021年3月）

慈姑山战役纪念碑位于广德市新杭镇新杭中学东南侧120米处。

碑文：为了反对内外敌人、争取民族独立和人们自由幸福，新杭镇人民在中国共产党的领导下，进行了长期艰苦卓绝的斗争，尤其是抗日战争后期发生的（杭村大捷）在江南抗日战争史上写下了光辉的一页。

一九四四年三月二十九日，新四军第16旅旅长王必成亲自指挥抗日军民在新杭祠谷山一带伏击来犯的四百多日伪军，激战一个多小时，歼敌七十余名，缴获大量武器弹药，其中含92步兵炮1门（该炮系日本陆军当时最先进的装备，现陈列在中国革命军事博物馆内），战斗中，新四军第16旅48团教导员郑大方、

9连连长李小毛等人英勇牺牲。在土地革命、抗日战争、解放战争和保卫祖国的历史斗争中，党领导的武装力量同新杭人民建立了血和泪相连的关系，携手同敌人浴血奋战到底。尚留有姓名的烈士除郑大方、李小毛外，还有严成志、宗其升、郭顺发、苏福升、张金水、罗建中、李传友、沈家良、吴海林、陈明友、崔永兴、陈德华、朱福清、杨本发、仲龙友、杜启章、任新成、汪家才、汪新成、郭成发。为缅怀革命先烈，弘扬革命精神，勉励后人奋发进取、再创新业，特立此碑供后人瞻仰和纪念！

新杭镇人民政府 2013 年 2 月立

（新杭镇政府　供稿）

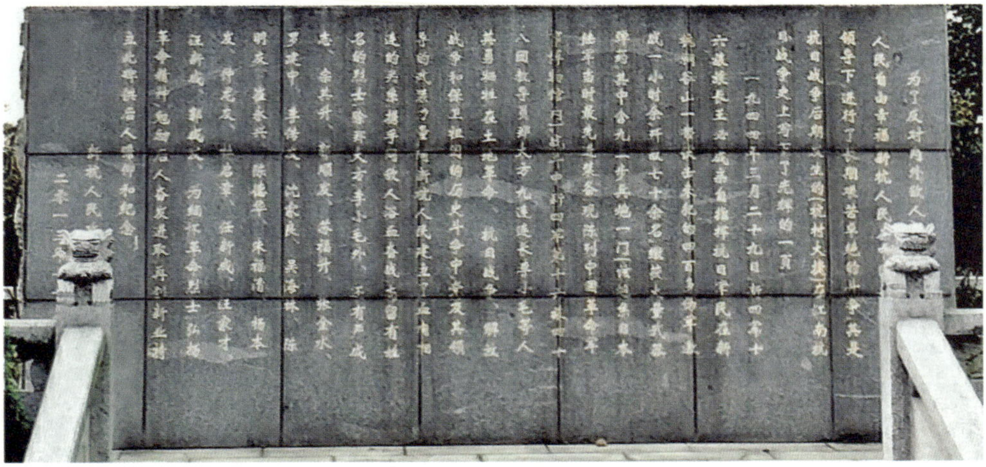

慈姑山战役纪念碑碑文（摄于 2021 年 3 月）

大王村突袭战战斗遗址

大王村突袭战战斗遗址（摄于2010年8月）

大王村突袭战战斗遗址位于广德市新杭镇流洞村王村至东久的丘陵地带。

1943年12月，广北游击队配合十六旅四十八团一部，袭击驻流洞大王村日伪军，歼敌11人，活捉19人，缴长短枪52支。

参考文献：

中共广德县委党史办公室编：《中国共产党广德地方史第一卷（1921—1949）》，2011年8月内部出版，第102页。

新四军韩家巷军工厂遗址

新四军韩家巷军工厂遗址（摄于 2010 年 5 月）

新四军韩家巷军工厂遗址位于广德市新杭镇箭穿村韩家巷自然村东北和西北两处山坳里。

东北一处系印钞厂，面积约 500 平方米，西北一处系制造手榴弹和维修枪炮的工厂，面积约 600 平方米，均系利用原有造纸的纸棚改造而成。现皆毁弃无存，但遗址形迹依然可见。

1943 年底，新四军十六旅政委江渭清率部到广德与王必成会合。苏皖区党委、新四军十六旅旅部、苏南行署由溧水南移至广德北乡砖桥、杭村、流洞等地。

自 1944 年起，新四军十六旅在广北杜家坟、水东岕、韩家巷、云门寺等地

兵工厂制作步枪枪托

印钞厂发行的抗币

办起多个小型军工厂，如兵工厂、被服厂、印钞厂、印刷厂等。部队利用兵工厂自己试制手榴弹和部分炮弹、维修枪炮等。各团都有一个相当规模的被服厂，统一缝制子弹袋、军服、蚊帐等。印钞厂负责印制发行抗币。印刷厂负责印刷《火线报》《烽火台》《苏南报》等报纸和抗日宣传材料。十六旅还在砖桥组建了一所后方野战医院，从各团抽调一批医务人员，专门担任抢救医护伤员的任务。部队还动员干部战士开展生产自给活动，开荒种菜、养猪、喂鸡等，这既密切了军民关系，又改善了部队生活。

参考文献：
中共广德县委党史办公室编：《中国共产党广德地方史第一卷（1921—1949）》，2011 年 8 月内部出版，第 98 页。

杭村大捷战斗遗址

杭村大捷战斗遗址（摄于2010年5月）

杭村大捷战斗遗址位于广德市新杭镇路东村慈姑山、木鱼山之间的一片区域内。

1944年3月29日上午9时许，驻门口塘据点的日军南浦旅团小林中队一百余名日寇和一个三百多人的伪军大队，带着一门九二步兵炮，经千口、寒冬岭、水东岕，来到杭村一带“扫荡”，四十八团团长刘别生闻报以后，立即电话报告王必成旅长，同时命令三营迅速出击，猛插杭村西南的慈姑山，实行正面攻击，截断敌人的退路，他自己指挥一营抢占杭村东南的木鱼山，从侧翼抗击敌人。

战斗进行了一个多小时就大获全胜，歼灭日伪军70多人，缴获了敌人的战马和大量的枪支弹药，特别是那门直射威力大的日式九二步兵炮和三发炮弹也落在我军手中，这是新四军在江南战场上第二次缴获的日军重炮。在这次战斗中，三营教导员郑大方和九连连长李小毛，为了民族的解放事业献出了自己年轻的生命。

邱村镇党史馆展示九二步兵炮1：1模型（摄于2017年3月）

参考文献：
中共广德县委党史办公室编：《中国共产党广德地方史第一卷（1921—1949）》，2011年8月内部出版，第106—110页。

郑大方烈士墓

郑大方烈士墓（摄于 2016 年 12 月）

郑大方烈士墓位于广德市新杭镇横岗村的青山脚下毛竹林中。

郑大芳，后来改名郑大方。祖籍广东省中山县。1921 年生于上海，1938 年高中未毕业就怀着满腔爱国热情到皖南参加新四军。1939 年秋加入中国共产党。

郑大芳参加革命后改名郑大方。名字中的“方”，原是与他们兄弟一样的“芳”，到部队后，他将草字头去掉改名郑大方，以此彰显好男儿杀日寇志在四方。

1944 年 3 月 29 日，日军南浦旅团小林中队 100 余人和一个伪军大队 300 余人，带着一门日式九二步兵炮，从门口塘据点出发，经千口、寒冬岭、水东岕，来到杭村一带“扫荡”。四十八团团长刘别生闻报后，立即部署兵力，阻击敌人。

革命烈士郑大方

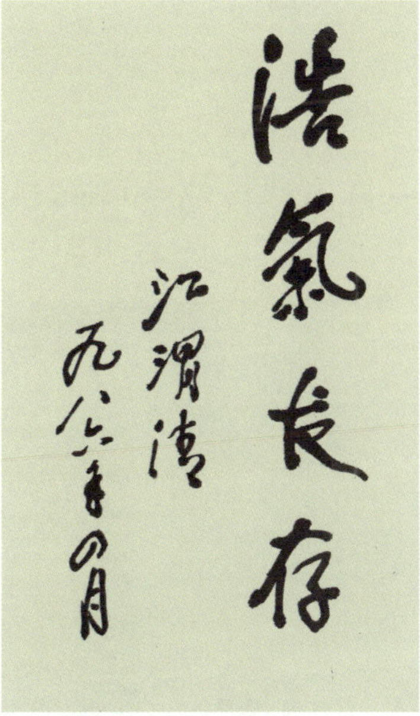

1986 年，中顾委委员、原新四军十六旅政委江渭清为纪念郑大方烈士的题词

他命令三营抢先占领杭村西南的慈姑山，实行正面攻击，截敌退路。下午 1 时许，当三营营长徐超和教导员郑大方率部跑步赶到慈姑山时，大部分敌人已走进我军的伏击圈，郑大方带领战士们英勇无畏地冲进敌阵，和敌人展开白刃格斗。战斗进行了一个多小时，就大获全胜。计歼敌 70 余人，缴获日式九二步兵炮一门，狠狠打击了日本侵略者的嚣张气焰。但在追歼逃敌途中，郑大方不幸胸部中弹，负了重伤。战友们抬着他转移到横岗，终因伤势过重，抢救无效而牺牲，年仅 23 岁。

1981 年，广德县人民政府拨专款为这位屡建战功的英雄重修陵墓，作永久性的纪念。1986 年，原新四军十六旅政委、中顾委委员江渭清为郑大方烈士题写了“浩气长存”四个大字。

参考文献：
中共广德县委党史办公室编：《中国共产党广德地方史第一卷（1921—1949）》，2011 年 8 月内部出版，第 106—110 页。

天目山战役纪念碑和烈士墓

纪念碑（摄于 2021 年 5 月）

天目山战役纪念碑和烈士墓位于广德市新杭镇独山社区村部旁。

碑文：为缅怀先烈的丰功伟绩，悼念烈士英灵。一九八三年独山乡政府决定在破山修建烈士陵园，将当年散葬于庙墩、朱湾、界牌村的革命烈士遗骨迁此安葬。

一九八四年清明节纪念碑落成，上述各村小学少先队员护送烈士遗骨进园安葬，独山乡和长广公司的农民、工人、学生、干部、党团员数千人举行了隆重的悼念活动。一九八八年独山乡政府、广德县民政局拨款维修。

园内安葬着一九四四年至一九四五年抗日战争中光荣牺牲的新四军战士，

黄友来、王世海在执行侦察任务时与日军交火壮烈牺牲，王传同等其他六位无名烈士在天目山战斗中负重伤医治无效光荣牺牲。

广德县民政局　新杭镇人民政府

二〇一三年十二月修缮

（新杭镇政府　供稿）

纪念碑碑文

严成志及六位无名烈士墓

严成志烈士墓（摄于 2021 年 3 月）

严成志及六位无名烈士墓位于广德市新杭镇路东社区石房自然村。

严成志，江西奉新人。因家庭贫穷，13 岁就随父耕田，1937 年 19 岁时，湘鄂赣红军进入他的家乡，他毅然决然参加了红军。他工作积极，学习努力，不到 3 个月就升任班长。1938 年加入中国共产党，此后更加努力，由班长提升为排长、连长、政治教导员，1943 年升任营教导员。1944 年部队改编，任新四军十六旅四十六团一营副营长。

1944 年 11 月 29 日，国民党调集五十二师、六十二师、忠救军和江苏、浙江保安团共 6 个团的兵力，由六十二师师长刘勋浩指挥，于 12 月 1 日兵分三路，

越过广（德）泗（安）公路，侵入广德北乡等地，企图会师长兴煤山镇，歼灭新四军于胥河以南、广泗公路以北。2日—4日，新四军十六旅四十六团、四十八团和独立二团被迫进行自卫反击。在广德牛头山、长兴青岘岭激战三昼夜，毙伤顽军六十二师一八六团团长汤清基以下官兵600余人，俘顽军200余人，顽军败退到广泗公路以南。这次反顽战斗的胜利，使郎广抗日根据地进一步得到巩固。严成志同志在战斗中英勇牺牲。

新中国成立后，原新四军六师十六旅四十六团老战士周群多次前来祭奠英烈，缅怀战友，期盼能将就地安葬的先烈归葬一处。1996年4月，在广德县政协、新杭镇人民政府、路东村民委员会的大力支持下，划地建墓，使严成志及同时牺牲的6名无名烈士相聚，安息九泉。2004年12月，周群同志捐资，由新杭镇民政办公室负责对烈士墓进行整修。

2008年10月被中共广德县委命名为县级爱国主义教育基地。

碑文：一九四四年十二月，国民党军队不顾民族大义，对牛头山抗日军民发动军事进攻，新四军六师十六旅四十六团奉命阻击，经过三昼夜激战，彻底

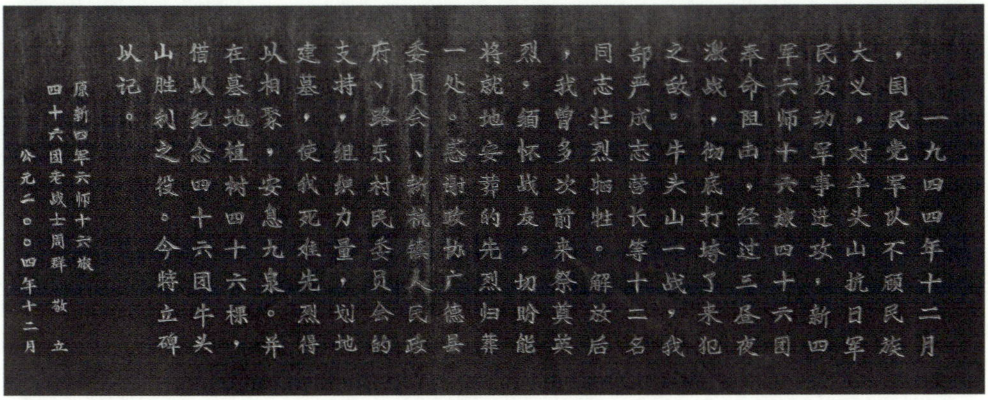

严成志烈士墓碑文

打垮了来犯之敌。牛头山一战，我部严成志营长等十二名同志壮烈牺牲。解放后，我曾多次前来祭奠英烈，缅怀战友，切盼能将就地安葬的先烈归葬一处。感谢政协广德县委员会、新杭镇人民政府、路东村民委员会的支持，组织力量，划地建墓，使我死难先烈得以相聚，安息九泉。并在墓地植树四十六棵，借以纪念四十六团牛头山胜利之役。今特立碑以记。

原新四军六师十六旅四十六团老战士周群敬立

公元二〇〇四年十二月

（新杭镇政府　供稿）

参考文献：
中共广德县委党史办公室编：《中国共产党广德地方史第一卷（1921—1949）》，2011年8月内部出版，第111页。

中共广南县委陈坞村驻地遗址

中共广南县委陈坞村驻地遗址位于广德市卢村乡宋陈村陈坞自然村。

第一次天目山反顽战役的胜利，开辟了包括广南在内的浙西地区。1945年2月，中共广南县委和广南县抗日民主政府在陈坞村成立，李华楷任书记兼县长。属天（目山）北地委和专署领导。原广德县改为广北县。广南县相继建立了卢村、柏垫、苏村3个区抗日民主政府和15个乡级政权，以花鼓和东亭两个乡中队为基础，成立了广南县第一、第二两个游击连。8月，广南地方武装发展到200余人，组建了独立营，阮维良任营长，下设4个连。

中共广南县委陈坞村驻地遗址（摄于2008年7月）

参考文献：
中共广德县委党史办公室编：《中国共产党广德地方史第一卷（1921—1949）》，2011年8月内部出版，第100—101页。

天目山三次反顽战役广德桃花山战斗遗址

天目山三次反顽战役广德桃花山战斗遗址（摄于2010年6月）

天目山三次反顽战役广德桃花山战斗遗址位于广德市卢村乡桃山村、高庙村、石峻村交界的桃花山、牛山、乌石山、八卦山一带的崇山峻岭，总面积约27—30平方公里。

1945年2月14日—18日，发生了天目山第一次反顽战役。苏浙军区部队向浙西挺进，陶勇司令员率第三纵队七、八两个支队进入浙江泗安、安徽广德、誓节渡以南地区，配合一纵队行动。当七支队到达广德南乡时，遭到国民党第三战区六十二师、“忠救军”等部五个团兵力的阻击。苏浙军区一、三纵队全线出击，在广德、孝丰边界一带歼灭六十二师一八四、一八五两个团的大部，解放了孝丰县城。此役经 5 天的激战，共歼顽军 1700 余人，取得了第一次天目山反顽战役的胜利。

3 月 1 日—26 日，发生了天目山第二次反顽战役。国民党苏浙皖挺进军总司令陶广重新调集五十二师、六十二师、“忠救军”等部十二个团的兵力，分四路向我孝丰阵地猛烈合击。苏浙军区第一、三纵队自卫反击，经 20 余天激战，共歼顽军 1700 余人，取得第二次天目山反顽战役的胜利。此役中，第一路“忠救军”一部由广德刘村、小百店一线向孝丰之西进犯，袭击三纵队驻守在广德境内的桃花山、牛山、八卦山、石鼓山、乌石山等阵地。3 月 7 日我三纵队八支队组织反击，粉碎了“忠救军”的进攻。

5 月 29 日，发生了天目山第三次反顽战役。国民党调集 14 个师、42 个团共 66000 余兵力，向苏浙军区部队发动大规模进攻。6 月 19 日至 23 日，苏浙军区组织反击，歼顽敌 6800 余人，取得第三次天目山反顽战役的胜利。其中在北路国民党五十二师一五五团进攻广德姚街、小百店一线时，苏浙军区第三纵队七、九支队与第四纵队十支队配合，在广德小百店等地歼灭顽军一五五团大部。

在天目山三次反顽战役中，广德派出常备民工 1881 人随军抢运粮食、弹药和护送伤员。

参考文献：
中共广德县委党史办公室编：《中国共产党广德地方史第一卷（1921—1949）》，2011 年 8 月内部出版，第 115—125 页。

解放战争时期

李家庆故居、烈士墓

李家庆故居旧址（摄于2010年6月）

李家庆烈士故居位于广德市卢村乡高庙村树稞里自然村，李家庆烈士墓位于广德市卢村乡高庙村。

碑文：李家庆，男，生于一九〇六年，一九四七年参加革命工作时任双溪乡（原同溪乡）乡农会主任。一九四九年解放军南下，当时国民党反动派和地方恶霸土匪相互勾结，对革命同志进行血腥屠杀，李家庆于一九四九年七月二十八日被抓到牛山残忍杀害，享年四十四岁。

李家庆革命烈士证明书（摄于2010年6月）

卢村乡高庙村民委员会敬立

二〇二一年四月四日

（卢村乡政府　供稿）

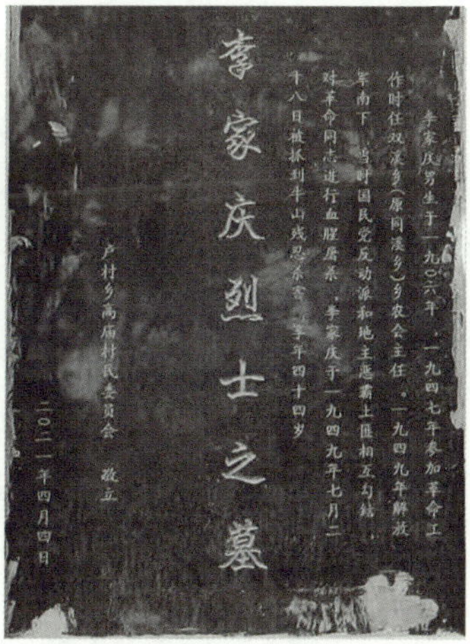

李家庆烈士墓（摄于2021年4月）

南山烈士纪念碑

南山烈士纪念碑位于新杭南山公墓内，始建于2007年2月，2013年5月重修。

碑文：一九四九年四月，中国人民解放军为了南进，在广德、独山、门口塘等地同国民党军队进行了激烈的战斗，我军70师蔡排长19岁，崔战士21岁，邱战士22岁，三人至今姓名不详，家庭住址不详，三名英雄不畏顽敌、英勇战斗，在麻山战斗中负伤，由于伤势过重，在流洞白蚁墩光荣牺牲。当地群众和部队将三人的遗体埋葬白蚁墩村东50米处，坟头面向麻山战场，一九七八年五月二十九日当地党委、政府在坛山林场为烈士修建了烈士纪念塔。

南山烈士纪念碑（摄于2020年12月）

二〇〇七年七月，新杭镇党委、政府在风景秀丽的牛头山上西冲林场建立革命烈士纪念碑，以缅怀革命先烈。

陈水军，因公牺牲现役军人，生于一九八三年二月六日，二〇〇一年十一月入伍，党员、中尉，中国人民武装警察部队福建总队政治部，福州指挥学院学员，二〇〇五年十二月在福建省福州市执行训练任务中突遭特大洪水，因公牺牲时年二十二周岁。

新杭镇人民政府

二〇一三年十一月修缮

（新杭镇政府　供稿）

南山烈士纪念碑文(摄于2020年10月)

杨邯桥战役烈士纪念碑

杨邯桥战役烈士纪念碑（摄于2014年10月）

杨邯桥战役烈士纪念碑位于新杭镇丁家村杨家店水库旁，始建于1977年元月，2013年5月重修。

新碑文：一九四四年三月二十九日，新四军第六师第十六旅第四十八团在广德县杭村与日军展开激烈战斗，缴获九十二步兵炮一门，取得了“杭村大捷”。战斗中，郑大方及其二十余名战友壮烈牺牲。其中，三烈士遗骨于二〇一三年八月由新杭镇路东村的团山迁移此处安葬。

一九四九年四月二十一日，百万雄师，强渡长江，蒋匪军全面溃败。四月底有股顽敌企图在杨邯桥顽抗，被我解放军某部队全部歼灭，但在强攻木桥时，部分战士壮烈牺牲，四十七名战士安葬此处，烈士们为了中华民族的解放事业，献出了宝贵生命，现铭志悼念，万人瞻仰，垂名千秋。其中有名烈士33名，他们的名字是：刘延笃、于俊栋、马来义、杨文刚、蒋善礼、秦玉栋、马全昌、刘延义、李成洪、张为年、张果法、陈述华、孟献荣、李怀忠、周道成、佟文富、李玉元、边日年、朱有法、刘宝山、许几如、王正福、王秀岐、胡延曾、孝根荣、许世珍、张玉山、陈文祥、冷金贵、孟继祥、窦荣才、李训、蒋正荣。

新杭镇人民政府2013年8月立

老碑文：一九四九年四月二十一日，伟大领袖毛主席发布向全国进军的命令。百万雄师，强渡长江，蒋匪军全面溃败。四月底有股顽敌企图在杨邯桥顽抗，被我解放军某部队全部歼灭，但在强攻木桥时，部分干战壮烈牺牲，为无产阶级事业流尽最后一滴血。现铭志悼念，万人瞻仰，垂名千秋。

革命烈士永垂不朽。

刘延笃、于俊栋、马来义、杨文刚、蒋善礼、秦玉栋、马全昌、刘延义、李成洪、张为年、张果法、陈述华、孟献荣、李怀忠、周道成、佟文富、李玉元、边日年、朱有法、刘宝山、许几如、王正福、王秀岐

杨邯桥战役烈士纪念碑老碑文（摄于2021年5月）

中共彭村人民公社委员会立

一九七七年元旦由杨邯桥迁葬于此

（新杭镇政府　供稿）

中共苏浙皖边工委泰山会议遗址

中共苏浙皖边工委会议遗址——仙人寺（四合乡太平村泰山自然村，摄于2010年6月）

中共苏浙皖边工委泰山会议遗址位于广德市四合乡太平村泰山自然村泰山西侧海拔620米山凹地内。

1948年3月11日，边工委在泰山召开会议，总结六个月来的工作，提出了坚持巩固老区，继续发展新区的任务，发展方向是向南打通宁东，向东开辟广孝吉。会议总结了1947年秋季工作的经验教训，决定停止“抗租”“抗债”。恢复原来深受群众拥护的“三抗”（抗丁、抗粮、抗捐）和“双减”（减租、减息）。实行合理负担的公粮政策和保护工商业政策，并在造纸工人中提出“增资”的口号，从而稳定了人心，团结了多数，受到了各阶层的拥护，促进了党的统一战线的发展，完全打破了一度出现的孤立局面。

参考文献：
中共广德县委党史办公室编：《中国共产党广德地方史第一卷（1921—1949）》，2011年8月内部出版，第154—155页。

新四军苏浙皖边区司令部旧址

新四军苏浙皖边区司令部旧址（摄于 2021 年 4 月）

新四军苏浙皖边区司令部旧址、中共郎广工委旧址、广南县民主政府旧址的所在地为杨滩镇五合村——吴村。

1945 年 9 月，在重庆谈判中，我党作出必要的让步，决定将包括苏南、皖南在内的八个省区的军队撤退到苏北、皖北及陇海路以北地区。根据中央的决定，新四军苏浙军区部队于 9 月开始北撤。同时，根据中央指示，留下一部分力量在原地坚持斗争。

10 月 5 日，苏浙区党委副书记金明在宜兴张渚召开会议，部署留守任务。会议宣布成立苏浙皖边区特委，陈立平任书记，熊兆仁、倪南山、孙章录为委员。

成立苏浙皖边区司令部，司令员熊兆仁，政委陈立平，参谋长倪南山，司令部有1个主力营，辖3个连，人员350余人。

苏浙皖边区特委下设茅山、太滆、郎广、浙西四个工委，郎广工委书记为张思齐，许道珍任副书记，委员有丁浩、胡惠民、彭海涛、向阳、刘旦。下辖宣城、郎溪、广德、长兴四县。彭海涛、丁浩、胡惠民、刘旦分别任县特派员。工委有一个70余人的警卫连，傅家齐任连长，各县设武工队，其中宣城30余人，郎溪25人，广德26人，长兴25人。

参考文献：
中共广德县委党史办公室编：《中国共产党广德地方史第一卷（1921—1949）》，2011年8月内部出版，第131—133页。

金隆发烈士墓

金隆发烈士墓（摄于2009年10月）

金隆发烈士墓位于广德市誓节镇向胜村沙塘自然村村口。

碑文：金隆发烈士一九二二年三月四日出生于皖广德县苏村乡沙塘村，一九四七年三月十八日参加新四军，任某部副连长，一九四七年冬月十三日与国民党六十三师在独树激战中，因敌众我寡，不幸被捕，于本年冬月十五日在独树英勇就义，年仅二十六岁。

在革命战争中，他服从党的领导，英勇善战、足智多谋，享有“金龙”“江虎”部之美称。

县、乡、民政
沙塘村委会　立
一九八九年建

（誓节镇政府　供稿）

誓节渡木架便桥遗址

誓节渡木架便桥遗址（摄于2010年5月）

誓节渡木架便桥遗址位于广德市誓节镇誓节大桥下桐汭河中。

此处河面宽100余米，汇集桐河、汭河水系650平方公里的流水。原为渡口，1924年当地居民曾集资架设木板桥，1932年修宣长公路，架木板公路桥，1937年毁于日军战火，至1949年4月再也无桥。

1949年4月21日，人民解放军胜利渡过长江，开始了向国民党统治区的大进军。正在天西地区的苏浙皖边工委，从收音机里获悉大军渡江的消息后，立即率边区支队下山配合解放军行动。在歼灭宁国墩之敌后进入河沥溪，与解放军第二十一军第六十一师会师。边区工委随即向各分工委发出接管城市的命

三野第三十三军后续部队通过暂节渡木桥

令，命许道珍、史纪昌率部接收广德县；丁浩率部接收郎溪县；彭海涛率部接收宣城县；王均率部接收宁国县；陈冀、高明山率部接收孝丰县。路南分工委及下属各中心区委立即行动，分别率领游击队向指定的目标进军。26日，许道珍留在小范村处理朱学礼部投诚事宜，由史纪昌率部向广德县城进发。这天清晨，三野第二十七军在东进途中到达县城，广德宣告解放。①

第三十三军渡江后，经南陵、宣城，于27日黄昏抵达广德。28日晨，部队继续向长兴进军。②

参考文献：

1. 中共广德县委党史办公室编：《中国共产党广德地方史第一卷（1921—1949）》，2011年8月内部出版，192—193页。
2. 中共广德县委党史办公室编：《中国共产党广德地方史第一卷（1921—1949）》，2011年8月内部出版，第186页。

广德围歼战毕家店战斗遗址

广德围歼战毕家店战斗遗址（摄于2010年8月）

广德围歼战毕家店战斗遗址位于广德县新杭镇丁家村毕家店自然村。

第三十三军渡江后，经南陵、宣城，于1949年4月27日黄昏抵达广德。28日晨，部队继续向长兴进军，行军不久，该军九十八师二九三团和九十七师二九〇团分别在广德以东的十里沟与步家祠堂之间，以及十里沟西北一带，与敌六十六军斜交遭遇。三十三军军长张克侠、政委韩念龙当机立断，改变前去长兴以南截击逃敌的任务，命令部队停止前进，就地展开，将南逃之敌截歼在广泗公路以北地区。全军展开后，二九〇团于东大木桥兵分三路向敌猛烈攻击，在杨郜桥、彭村、杨家店、西门桥等地歼灭了大量敌人。该团三营乘胜向毕家店子方向发动攻击，三营七连1个班在该地南侧突然遭到敌人1个营的反击，全班战士顽强坚守阵地，最后13人全部伤亡。二九〇团集中兵力猛攻这股敌人，也受阻于敌阵地之前。为了全歼该敌，九十七师令二八九团1个营由广德城北七里店向毕家店子侧后作迂回包围攻击，在沈家渡歼敌2000余人，对毕家店子敌人形成包围态势。黄昏，敌人不敢再战，向北逃窜，二九〇团猛追逃敌，在界石村歼敌2000余人。该团三营九连1个战斗小组，夜晚渡过一条两人深的小河，突入敌六十六军一八五师五五五团指挥所，活捉敌团长，迫使他命令团部和特务连、重机枪连缴械投降。在两天战斗中，全军共歼敌14900多人。

参考文献：
中共广德县委党史办公室编：《中国共产党广德地方史第一卷（1921—1949）》，2011年8月内部出版，186—188页。

其他遗址

国民党广德县临时党部遗址

国民党广德县临时党部遗址（摄于 2021 年 6 月）

国民党广德县临时党部遗址位于广德市桃州镇景贤街 35 号。新中国成立后这里一直为中共广德县委和广德县人民政府驻地，大楼耸立，绿树成荫，环境清静。

1927 年 3 月初，国民革命军第二军北伐进驻广德后副党代表兼政治部主任李富春即批准以广德青年社为基础，发展了四十八名党员，成立了国民党广德

国民党广德县临时党部遗址（摄于2021年6月）

县临时党部。临时党部以刘永昌、温广彝、孟浩卿、陈铭常、许贤林、张隆佑、何德鹤、吕志松、李定慧（女）为执行委员；王芝宾、杨士模、张曾荫、张醒辰（女）、吉国栋、张轩珍、张紫垣为候补执委；刘永昌为常务委员。临时党部设立了工作机构：温广彝任组织部主任，何德鹤任宣传部主任，孟浩卿任工人部主任，吕志松任商民部主任，陈铭常任农民部主任，李定慧任妇女部主任。

临时党部成立后，发表了公告，内容大致是：确遵总理遗嘱，推行三民主义，打倒封建军阀，铲除土豪劣绅，希望广大民众予以支持。临时党部接收了原来土豪劣绅所把持的各机关团体，把宣扬封建迷信的玄武坛予以取缔，留作公用。党部还分别派人下乡组织国民党区党部和区分部，全县九个区，除城一区外，共建立了八个区党部。

临时党部根据二军政治部的指示，组织各民众团体，经过批准，彭怡先、应卓群、温季愚为商民协会筹备委员，姚琦、张民权为农民协会筹备委员，李定慧、张醒辰为妇女协会筹备委员，丁继周、夏之兰为工会筹备委员。各个区也相继建立了农会、工会、商会等民众团体。

参考文献：
中共广德县委党史办公室编：《中国共产党广德地方史》第一卷（1921—1949），2011年8月内部出版，第26—29页。

广德飞机场遗址

飞机场遗址（摄于 2010 年 7 月）

飞机场遗址位于广德市桃州镇周家村邓家自然村。

广德飞机场 1932 年始建于县城东十里沟，占地 400 亩，经国民政府派员验视，因面积狭小弃用，复于 1934 年在县城北邓家村重建，总面积 1200 亩。机场南端有高 12 米，能容 10 架飞机的机库一座，附近平房 100 余间。南京教导总队一个连驻守，担任警戒任务。

1937 年 8 月 13 日，驻上海的日军突然向中国守军发动进攻。这就是八一三事变。京沪警备司令官张治中率部奋起抗击日本侵略者，中国空军也出动参战，淞沪抗战由此开始。

诺斯普罗 2E 型轰炸机（龚业悌著《抗战飞行日记》，长江文艺出版社 2011 年出版）

8 月上旬，淞沪一带形势日趋紧张，日军进攻上海已迫在眉睫。中国空军前敌指挥部以全部兵力转移到京沪杭一带。空军第二大队从河南周家口调驻广德。第二大队是轰炸机大队，大队长张廷孟，下辖第九、第十一、第十四 3 个中队。每个中队配备 9 架诺斯罗普 2E 轰炸机。

8 月 14 日 8 时 40 分，驻广德的中国空军第二大队副大队长孙桐岗率领诺斯罗普机 21 架，自广德机场起飞，轰炸上海吴淞口一带的敌舰以及其他日军目标。2 时 40 分及 3 时 40 分，二大队的 21 架飞机分两批轰炸敌海军陆战队司令部等地，多数命中目标。飞行员任云阁和祝鸿信驾驶 907 号飞机投下的炸弹，准确地炸中日军第三舰队的旗舰“出云号”，舰上顿时爆炸起火，拖着大火狼狈逃窜。任云阁和祝鸿信驾着飞机正欲再次追超日舰，被日舰密集的高射炮火击中，飞机中弹受伤，任云阁因受重伤为国捐躯，祝鸿信亦受伤，但仍坚持驾机安全降落在虹桥机场。李传谋的飞机被击伤，至常州坠地殉职。

8 月 14 日，日军驻台北海军鹿屋航空队组成浅野少佐指挥的广德空袭队，配有 9 架 96 式攻击机，于当天 14 时 50 分从台北基地起飞，19 时 40 分出现在广德上空。此时，第二大队的飞机下午奉命出击侵沪日军舰队，尚未回归。机场警卫大队七连的官兵发现敌情后，按照素日防空演习的纯熟动作，迅速进入战争状态，对敌机展开了英勇还击。一架敌机被我高射炮击中，当场爆炸坠毁。

8 月 19 日上午 9 时，第二大队第十一队队长龚颖澄和第九队队长谢郁青，各率飞机 7 架，从广德出发，轰炸长江口外白龙港一带的敌舰。途经南汇上空时，分队长沈崇诲和轰炸员陈锡纯驾驶的 904 号飞机发生故障，尾部冒出青烟，速度减慢，脱离了战斗队形。他们完全可以跳伞或安全迫降的。但沈崇诲杀敌心切，驾机从 2000 米高空对准一艘敌舰撞去，与敌舰同归于尽，表现了中华儿女视死如归的大无畏精神。

8 月 19 日，空军第四大队飞行员龚业悌自广德起飞，在广德境内击落日军 96 式重轰炸机 1 架，坠落于北乡白水塘水田之中。机上共有 5 人，2 死 1 伤，2 人逃逸，被当地群众活捉。

参考文献：
1. 广德县地方志编纂办公室编：《广德县志》，1996 年 11 月出版，第 18、19 页。
2. 中共广德县委党史办公室编：《中国共产党广德地方史第一卷（1921—1949）》，2011 年 8 月内部出版，第 68—71 页。
3. 龚业悌著《抗战飞行日记》，长江文艺出版社 2011 年出版，第 149 页。

安徽抗战第一仗战斗遗址

安徽抗战第一仗战斗遗址（摄于2010年7月）

安徽抗战第一仗战斗遗址位于广德市桃州镇界牌村祠山岗以东丘陵地带。

广德是芜杭、芜沪公路线上的战略要地，南京的南大门。1934年，国民党在广德县城北建了一个军用飞机场，抗日战争一开始广德就成为日本侵略者重点攻击的目标。1937年11月12日，上海陷落后，日军兵分两路围攻南京，其中一路由太湖南侧经嘉兴、长兴向广德进攻，企图直趋芜湖以截断南京守军的退路，配合其他各路日军围攻南京。为此，蒋介石下令调集刘湘部所属5个师2个旅约5万余兵力集中坚守广德、泗安一线。刘湘委派23军军长潘文华代理23集团军总司令负责指挥广德、泗安战役。其兵力部署是：144师（师

日军进入广德境内（〔日本〕俊正和宽提供）

长郭勋祺）由广德、泗安向长兴方向推进，阻击敌人；147 师（师长杨国祯）、148 师（师长陈鸣谦）把守泗安镇，145 师（师长饶国华）、146 师（师长刘兆藜）及独立 13 旅（旅长田冠五）、14 旅（旅长周绍轩）坚守广德，形成广德、泗安两道防线。

11 月 23 日，日军 18 师团约 4000 兵力侵入嘉兴、长兴等地，尔后在飞机、大炮掩护下疯狂地向广德进犯。其先头部队约一个旅团在泗安镇与 144 师发生激战，由于伤亡很大，144 师被迫由泗安后撤，日军乘机突破守军第一道防线，继续西进，直逼广德的第二道防线。11 月 24 日，145 师师长饶国华开赴广德后，立即前往广德以东的界牌布置兵力，修筑工事，以固守广德和确保飞机场的安全。11 月 25 日，日军逼近界牌，145 师与日军展开了激烈的战斗，师长饶国华不幸负伤仍坚持前线指挥，苦战半日，击退了敌军的进攻。

日军进攻失利，26 日先后出动 27 架飞机轮番轰炸守军阵地，疯狂强攻。守军工事大部分被摧毁。28 日，日军以装甲车、坦克开道，沿广泗公路蜂拥而来，界牌失守。145 师退至广德祠山岗阵地继续坚守，组织反击，发动群众将木材、门窗、桌椅、砖石等物堆放在公路之中，以阻击敌人。29 日，日军进攻祠山岗受堵，纷纷下车清理路障。饶国华抓住战机，埋伏在大松林的守军集中火力猛烈袭击敌人。但终因守军装备低劣，伤亡惨重，同时宣广交通被切断，增援无望，加上团长刘儒斋违背军令，擅自撤退，造成全线溃败，祠山岗沦于敌手，日军向县城广德猖狂扑来。30日凌晨，师长饶国华含恨自戕殉国。

界碑（摄于2016年10月）

参考文献：
中共广德县委党史办公室编：《中国共产党广德地方史第一卷（1921—1949）》，2011年8月内部出版，第71—74页。

国民党“忠义救国军”指挥部遗址

王岭岗“忠义救国军”指挥部遗址(摄于2008年7月)

国民党“忠义救国军”指挥部遗址位于广德市卢村乡丁冲村王岭岗自然村。

1941年春，忠义救国军总部设在广德卢村王岭，由军统特务周伟龙任总指挥，忠救军在王岭开办中美合作训练班。

1943年10月，侵华日军第四次进犯广德，日军占领王岭后，国民党“忠义救国军”所有房舍被烧光。

1982年村民在王岭岗挖掘出土“苏浙行动委员会忠义救国军第七期军官队毕业证章”。

苏浙行动委员会“忠义救国军”第七期军官队毕业证章（摄于 2008 年 7 月，原广德县文物管理所提供）

参考文献：
中共广德县委党史办公室编:《中国共产党广德地方史第一卷（1921—1949）》，2011 年 8 月内部出版，第 88 页。

国民党第二游击区指挥部防空洞遗址

国民党第二游击区指挥部防空洞遗址（摄于2021年5月）

国民党第二游击区指挥部防空洞遗址位于广德市柏垫镇凤桥社区黑洼自然村的原凤桥中学校园内。防空洞在凤桥中学兴建教学楼时损毁。

1939年下半年，国民党在各地贯彻五届五中全会所制定的“溶共”“防共”“限共”“反共”的反动方针。同年7月，国民党第三战区将其所属的沦陷区划为第一、第二两个游击区。其中第二游击区总指挥部和江南行署（冷欣任总指挥兼行署主任）设在广德田里戈村，并在此地开挖防空洞，造屋170余间，建立反共基地。同时，国民党广德县政府根据《防制异党活动办法》和皖南行署的密令，决定逮捕许道珍并押至屯溪受审。为了保存革命力量，1939年10月，苏皖特委将许道珍、周嘉琳调离广德，分别分配到宣当芜中心县委和宜溧中心县委工作。

参考文献：
中共广德县委党史办公室编：《中国共产党广德地方史第一卷（1921—1949）》，2011年8月内部出版，第88页。

螺蛳沟惨案遗址

螺蛳沟惨案遗址位于广德市邱村镇前路村螺蛳沟。东距村委会驻地约 1 公里。

“螺蛳沟惨案”幸存者余金伦指认惨案现场。（摄于 2008 年 12 月）

1938 年 3 月 24 日，日军窜到邱村前路村。该村有一条叫螺蛳沟的小山沟，里面躲着五六十个逃难的老百姓。日军发现后，用机枪、步枪向沟里扫射，当场打死 47 人。其中该村余金伦一家，就被打死了 5 人。有个叫吴老五的全家 5 口全都遭难，他老婆身怀有孕，被敌人打死后，肠子和胎儿从肚子里流了出来。

20 世纪 70 年代邱村人民公社将螺蛳沟命名为教育沟，教育子孙后代不忘国耻家恨，奋发图强，建设好伟大的祖国。

参考文献：
中共广德县委党史办公室编：《中国共产党广德地方史第一卷（1921—1949）》，2011 年 8 月内部出版，第 80 页。

第三章　党史人物

新民主主义革命时期，无数广德儿女为民族解放事业献出了宝贵的生命，他们用自己的青春和热血书写了不朽的人生华章，他们的革命事迹、崇高品质和革命精神是永远激励我们继续前进的红色基因。

钱文选

钱文选（1874—1957），字士青，同治十三年（1874）出生于广德州小北乡伏齐保百能地，系五代吴越国武肃王钱镠的三十二世孙。文选 4 岁丧父，16 岁丧母，靠叔祖所遗田产及打柴、挖笋维持生计与学业。

光绪二十四年（1898）文选考入安徽省立求是学堂。光绪二十九年（1903）择优咨送京师大学堂师范馆，旋改入译学馆，潜心攻读英文。为补学费不足，常于夜晚为官宦人家教授子弟。自云潜心外文，在于窥西人政治学问之本源，以变法图新，富国强邦。

光绪三十三年（1907）光绪帝宣布预备立宪，准臣民上书。文选上书都察院代奏皇上，建议创设咨议报，以专论与宪法有关之事。又上书邮传部尚书张文达，指出自海运通商以来，中国大利大权皆落外人之手。提议“招商局由我设，铁路由我建，收回京汉、粤汉等铁路，邮政局、电报局亦收回自办”，否则“我之脂膏为人吸尽，我之主权亦将不保矣”。文中还对国家用人、出洋考察、派员留学和兴办实业之类提出了许多具体意见。张尚书嘉其言，拟调文选到部任职，文选以尚未毕业为由婉辞之。

光绪三十四年（1908）于译学馆毕业，以七品京官任用。宣统元年（1909）始任学部出洋留学生襄校监试官，次年改任驻英留学生监督。时中国公费留学生学额无定，若有缺额即自行裁撤。文选认为这对有计划的培养人才不利，即电请学部制定学额。后不久留英官费生学额以及在法、美、德、比利时等国的留学生学额始有定制。

在英时，文选发现英国已使用“飞艇”载物、乘客及邮运。便一面到布里司夺飞机制造厂考察，一面物色驾驶员人选。后得知自费生历汝燕有志于此，即电呈陆军部细陈航空之重要，要求派人学习。陆军部复电应允，并给汝燕以公费生待遇，另拨给二百英镑专款。宣统三年（1911）七月上旬，文选亲送厉汝燕进布里司夺厂学习飞机驾驶。又于九月将学习章程和飞机图样呈送回国。辛亥革命武昌起义时，厉汝燕曾奉令购飞机两架，聘法国机师一名，一同驾机回国，此系中国航空起源之轶事。当文选 70 寿辰时，已任北京航空学校教授的历汝燕以诗赞道：“我国学生习飞机，公力提倡为始基。”

同年，文选兼任伦敦万国人种大会中国代表，翌年又兼海牙万国修身大会中国代表。在出席两会时，分别作了题为《孔子道德为世界文化之祖》和《孔子伦理与万国修身大会之关系》的演说。

留学生经费原由各省汇寄，辛亥革命武昌起义后汇款突然中断，学生学习、生活费用无着。驻英各国银行均奉令不介入中国“南北之事”，因此文选到处奔走借贷无成。其时我驻英使馆人员也两月未发薪俸。文选于寝食不安中通过英教育家瓦立司，得以谒见英外交大臣葛雷，方从英华比银行借得五万英镑。使留学生摆脱了困境，并将其中十分之一接济了留法学生。

1912 年前，中国大学尚未被国际承认。是年夏，全英大学会议在伦敦召开，文选应伦敦大学之请以特别名誉会员身份出席会议。经文选提议及大会通过，英国率先承认了中国北京大学。

文选于督学之余，在伦敦大学兼修政治经济课三年。

1913 年文选调任中国驻美国旧金山领事。旧金山设有华侨总会、中华会馆、中华侨民学堂以及地方会馆和堂号多处，其中粤籍侨民帮派纷争，常持械殴斗。文选到任当年，因堂号互殴竟连丧 9 命。文选深感不安，随即深入侨民之中，极力调解与劝导，并创设和平会以调处华侨间的纠纷。此后在文选任内再没有发生互斗伤人事。

1914 年，美移民局在旧金山湾内一座小岛上，设立了一所迫害移民的机构。中国人入境，美方以检验身体为由，将其长期关押岛上，有的不堪受辱跳海身亡。文选获悉后，立即采取措施，凡有渡洋船只进出旧金山口岸，便亲往接待祖国侨民。每遇移民局将华侨送岛作所谓检验时，便催促美方尽快检查后放行。从而华侨所受的歧视和痛苦大为减轻，此举深受华侨好评。

1915 年 2 月，美国在旧金山主办巴拿马赛会（国际博览会）。中国参赛的产品主要是丝、茶两类。文选任赛会中国监督处参议兼安徽省代表，并兼任赛会国际审查委员。评奖标准是看物品质量与数量，同时规定每类物品只发一种大奖。评奖时，日本代表说日茶在美国销售数量最多，因而应得大奖。文选即予反驳：华茶早已畅销欧美各国，且在世界茶叶出口总量中所占比重最大，中国应得大奖。日方仍不甘心，多方游说。有人提议分红茶、绿茶两类而分别给中、日发奖。文选复又据理力争，终使日茶败北。中国安徽、江西、福建、湖南、湖北、江苏、浙江七省茶叶均获金牌大奖，其中皖省获奖的茶叶系广德县砖桥五花岩等地所产的云雾茶。当年7月上海《神州日报》报道了华茶获奖经过，赞扬文选“确以热诚之竞争恢复国产之名誉，其成绩卓著”。

领事旧金山的翌年，文选又兼任财政部驻美盐务调查员。历经两年考察研讨辑成《制盐新法录》2卷，并编撰了《美国制盐新法》和《兽类饲盐利益及方法》2书。1915年10月财政部盐务署批示，将文选的“调查记录”发交各省盐运使筹议仿办，以助改良盐业。翌年5月农商部批示在“张家口暨京师西山、安徽石门山等处，以及农商部第一、第二、第三种畜试验场试行兽类饲盐”。9月以后又在云南试行。从此，新制盐法和兽类饲盐法逐步推广全国。

1915年11月文选奉调回国任职。历任云南、河北、浙江、湖北、福建盐务稽核所所长、皖岸榷运局总局长、两浙盐运使等职18年。云南任上，滇省军阀常向商人勒索，经文选斡旋，财物得以逐步归还原主。改任他职时，商民制作“惠商裕课”“阜我民财”匾额相赠。文选在署理地方盐务期间，先后撰成《滇盐》《芦盐》《浙盐》《鄂盐》《闽盐》5种专志。

文选一生谨奉家训，以行善为荣为乐。1929年，捐资600元在广德北乡双溪上架起一座木桥，并出资修筑广德至溧阳戴埠的松岭山道。1930年，捐资千元在故乡伏岕创办了士青小学，乡里贫苦子弟免费入学。此后学校每年开支的数百元经费全由文选供给。他还曾捐款资助广德育婴堂。晚年他将叔祖所遗田产置为“士青义庄”，收入用于善事。平素零星施舍则是难以尽数。

1932年文选申请卸职获准，定居杭州。1934年广德旱灾奇重，树叶亦采食殆尽。文选9月5日接到广德救灾委员会电告，立即召开旅杭同乡会会议，并向中央行政院、全国赈务委员会、安徽省民、财二厅以及外地同乡会发出救灾电文。其时文选已先后于7月、10月应安徽省府和浙江省府所聘，出任黄山建设委员会委员和浙江省赈务委员会常委。文选一面吁请救灾，一面千方百计实施救济：赔垫运费派人收购广德的竹木柴炭运销杭州；从浙江赈务会商拨夹衣2000件改成棉衣，连同向上海商界募得的棉衣和估衣各1000套，运交广德发给灾民；将经手在杭州领得的免税米4500石以及垫款3000元从上海采购的大米运抵广德，以购进价出售，并往复周转不绝；用募捐所得在广德与人合办粥场施粥，同时施舍100余口棺木和大量药品。文选救灾若此，自奉却是极薄。一生不嗜烟酒，家中除去藏书，余无长物。

1937年，抗战爆发后，杭州一带难民很多。文选时任杭州红十字会会长兼浙江救济难民委员会常委，终日忙于救济。为不与日军纠缠，12月23日（杭州沦陷前一日）文选徙居上海。驻杭日酋几次派人飞沪，许以高官厚禄诱文选返杭就职（相当省长职），后又委某国驻沪领事前往游说。文选正气凛然，坚辞拒绝，闭门不出，埋头著书。此间，曾在一张与友人的合影上题诗明志：“乱离敢自托孤高，威武频加不屈挠。生命虽危置度外，任他巨浪与洪涛……”于抗战胜利时，返回杭州。

文选著述颇丰，除前文已及的关于盐业方面的著述外，尚有《钱氏家乘》《钱武肃王功德史》《诵芬堂文稿》《环球日记》《英制纲要》《游滇记事》《浙江名胜记要》等30余种，隐居上海时曾自编《士青全集》出版（今存）。此外，1930年他将张光藻《北戍草》《龙江纪事》结集重版并序。1937年倡设广德县志重修委员会，不久因抗战爆发而事废。后于1948年独立修成《广德县志稿》一册传世。

中华人民共和国成立后，文选拥护中国共产党和人民政府，作为无党派人士被聘为人民政协杭州市第一届委员会委员。邵力子先生曾邀文选进京供职，杭州市政府亦欲请他主管文物工作，终因年迈体衰而未能就任。文选在自己的富国强邦夙愿开始实现的时候，于1957年3月5日患脑溢血去世。

广德县地方志办公室

许济之

许济之（1880—1969），原名许俊，广德县誓节渡人。清末秀才。光绪三十三年（1907）考入南京两江高等师范学堂，毕业后应聘在郎溪、铜陵等地任教。1912年回乡，历任广德县立一高、二高校长、县视学员，县教育局长、县立初中校长等职。1937年10月因战乱而辍教。济之从教近30年，立身处世，道德文章，一直为县人所推崇，被尊为县内一代宗师。

许济之学识渊博，兼擅文理两科，且谙英语。于国文教学，注重选择教材，专选那些情文并茂而又有可取可法之处的古今名篇去教。要求学生"精通熟诵""勤写力作"；力戒"贪多无得""食古不化"。对学生道德情操的陶冶更为重视，教导学生当以爱国爱民为本，做人应当光明磊落，不可乘人之危，落井下石，不可与蝇营狗苟之徒交往。自己言传身教，处处给学生做出表率。济之一生忧国忧民，为拯民于水火之中，20世纪30年代他就鼓励并支持三个儿子，先后参加了革命。他的两个儿子长期在广德及相邻区域坚持敌后武装斗争，他也因此受到国民党反动派当局的迫害。抗日战争期间，他在家乡无法存身。只得辗转外地，过着居无定所、食无定餐的流亡生活。有时甚至风餐露宿，倍尝艰辛。抗战胜利后，他刚回到家，就被国民党县府县长用轿子"请"到县署，要他把三个儿子都找回来，然后脱离共产党为政府做事。济之肃然答道：小孩子18岁以前由父母管教，18岁以后的事则不宜多管。且人各有志，父母也未必管得了。县长碰了钉子，十分恼怒，但鉴于济之的名望，不便立即加害。只好将他暂放回家，暗中派人严密监视。后经济之在国民党政权中任职的学生徐仲甫等人多方斡旋，才得以潜往南京等地躲避。直到1949年3月广德临近解放，他才回到家乡匿居。

中华人民共和国成立后，济之曾任皖南行政区协商会驻会委员、安徽省第一届人民代表大会代表、安徽省文史馆馆员等职。1956年移居武汉之后，与其次子许道琦一起生活，曾应聘担任湖北省文史馆馆员。1969年病逝。

广德县地方志办公室

许杰

许杰（1901—1989），号兴吾，广德县誓节渡人。他是著名的地质学家和地层古生物学家。

1919 年，许杰考入北京大学预科，两年后转入该校地质系，受业于李四光教授等名师。此间，他参加了“五四”爱国运动。

1925 年，许杰大学毕业后，在安庆建华中学和安庆一中等校任教。1926 年加入中国共产党，担任中共怀宁中心县委委员。北伐军抵武汉后，他奔波于安庆和武汉之间，做联络工作。大革命失败，组织上通知转移隐蔽。他辗转回到家乡，受聘在广德县立初中任教员兼教务主任，半年后辞去教职前往上海。1930 年，由李四光举荐进入中央研究院地质研究所任助理研究员，开始致力于地质矿产调查和地质研究活动。抗日战争爆发，许杰随研究所迁内地。1943 年任云南大学矿冶系教授，1945 年参加中国民主同盟，从事爱国民主活动。抗战胜利后，许杰随研究所迁回南京。1946 年他曾以地质调查为掩护去皖南山区给新四军送过药品和通讯器材。在迎接南京解放中，许杰团结和说服中央研究院的同事，抵制了国民党当局南撤研究院的企图。

南京解放后，许杰被委任为中央研究院接管组组长。1949 年底，他奉命接管和改组了安徽大学（安徽师范大学前身），先后任校务委员会主任和校长。1953 年任安徽省人民政府副主席、民盟安徽省委员会主任委员。1954 年调任地质部副部长，长期分管地质科技等方面的工作。1959 年兼任中国地质科学研究院第一任院长，领导组建了全国地质图书馆和地质博物馆。“文革”时期，在受到迫害的情况下，许杰仍承担了地质图表和地质辞典的编辑指导工作。

许杰在其毕生的科研活动中，对中国地质找矿、地质教育、地质实验、地质编图和水文地质工程工作都作出了重要贡献。尤其是为中国的笔石学研究做了奠基性的工作。1949 年中华人民共和国成立前夕，许杰应召赴京，出席全国科学会议的筹备会议，共商发展中国科技事业的大计。1957 年冬，他参加国家赴苏科学代表团，参与制订中苏两国科技合作协定和国家发展科技的 12 年长远规划。1976 年，国际地质科学联合会恢复中国的合法席位之后，许杰率领中国地质代表团前往澳大利亚悉尼，出席第二十五届国际地质大会和国际地质科学联合会第五届理事会，提高和扩大了中国地质工作在国际地质界的地位和影响。

1958 年许杰被苏联古生物学会授予名誉会员称号。1983 年出版的《许杰笔石论文集》是他 50 余年笔石研究成果的结晶，标志着中国笔石学科的研究水平，荣获国家科委颁发的 1984 年优秀科技书刊一等奖。1985 年荣获联邦德国地质学会授予的最高科学奖——莱欧波尔德 · 冯 · 布赫奖。

1954 年 9 月起，许杰连续当选为一至六届全国人大代表，被选为五至六届全国人大常委会委员。1956 年 2 月起，任中国民主同盟二至五届中央常委、中央参议委员会常委。

1955 年上半年，当选为中国科学院首批学部委员（院士）。1957 年起，历任中国地质学会常务理事，副理事长、代理事长、名誉理事。1959 年当选为中国地层委员会常务委员，1979 年当选为该会副主任委员。同时，他还是中国科协荣誉委员，并长期担任中国古生物学会常务理事。1979 年起，任地质矿产部顾问。1980 年 7 月兼任地质矿产部科技委员会主任。

1989 年 7 月 11 日，许杰因病在北京逝世，终年 89 岁。

孙耀东

梁其昌

梁其昌（1903—1934），又名梁预人，月湾乡人。少年时期在家乡读书。1920年考入浙江湖州省立三中就读，接触了大量进步书刊，受到了革命思想的启迪。1923年前后，他毅然中断学业回到家乡，将家产变卖后前往上海。先在“创造社”工作，大革命失败后进“江南书局”任职。此间，梁其昌加入中国共产党，一直秘密从事党的工作。1925年9月，他帮助广德旅沪的几十名大、中学生成立了“广德青年社”，创办了社刊《扫荆》（半月刊）。创刊号首页刊登了列宁和孙中山肖像，并载文介绍唯物史观。刊物大都寄回家乡发行，在广德社会上引起了很大震动。不久，在梁其昌的直接影响下，旅沪广德籍进步青年邹恩雨等人又成立了“罗汎社”。该社将《共产党宣言》等革命书刊介绍到广德，并出版《罗汎周刊》揭露社会黑暗，宣传鼓吹革命。从材料的提供到刊物的发行，梁其昌都起着重要作用。

1928年冬，梁其昌代表上海沪宁路区党组织派刘格非、黄中道、黄烂腿（化名）等党员来广德开展工作，他们和王金林一起创建了广德第一个党组织——中共广德直属小组。此后，梁其昌多次莅广检查指导工作，党的影响日益扩大，党员也增至30余名，次年冬成立了中共广德县委。在广德期间，梁其昌不顾辛劳，跋山涉水深入到独树、月湾、花鼓等地农村，向农民宣传革命道理，动员他们组织起来斗争，这些对广德暴动的发生起了推动作用。

1930年，梁其昌在宣城县农村从事农民运动时被捕，旋被解往省城安庆。因其身份未暴露，次年即获释。梁其昌遂返上海，继续做党的工作。那时，白色恐怖笼罩，斗争异常艰苦，梁其昌宵衣旰食以至积劳成疾，后奉调至中央苏区工作，不幸牺牲。

广德县地方志办公室

王金林

王金林，安徽广德人，1903 年 10 月 28 日诞生在广德县花鼓乡黄金坝的一个农民家庭里。他从小聪明好学，性格倔强，长大了知书达理，富有爱国思想。1919 年，他在誓节渡广德县立第二高等小学读书，积极参加了反帝反封建的五四爱国运动。他和同学们一道，走上街头，反对“巴黎和约”，检查和抵制日货。他还被选为代表参加由商民和学生组成的誓节渡反日联合会。1921 年，王金林考入设在安庆的安徽省立第一甲种农业学校就读。毕业后在家乡的小学教过书。

20 世纪 20 年代中期，国共两党实现了第一次合作，中国革命出现新的局面。1927 年 3 月，国民革命军第二军在向南京进军途中进驻广德。这个军的副党代表兼政治部主任是著名的共产党人李富春。在二军政治部的支持和推动下，成立了国民党广德县临时党部和工会、农会等民众团体。广德工农群众运动蓬勃发展。国民革命运动的兴起，给了王金林莫大的鼓舞和启迪。他加入了国民党，在花鼓塘一带发动农民，组织农会，工作做得有声有色。但是，这种局面没有维持多久就风云突变，4 月 12 日，蒋介石在上海叛变革命，血腥屠杀共产党人和革命群众。广德的局势也急转直下。北伐军委任的县长被迫出走，国民党临时党部被搞垮，民众团体被封闭，一度销声匿迹的土豪劣绅又卷土重来，拼凑了国民党改组委员会进行“清党”，王金林被迫转入地下。7 月 15 日，汪精卫在武汉实行“分共”，国民党内部在反共反人民的道路上趋于一致，但又存在尖锐的矛盾。武汉国民党中央以正统自居，组织东征军讨伐蒋介石。蒋介石被迫宣布下野。9 月，东征军程潜部第六军第十八师抵达广德。军阀陈调元任命的广德县长和土豪劣绅纷纷出逃。十八师党代表兼政治部主任、共产党员李世璋组建了国民党广德县党部，王金林出任县党部委员兼农民部长。时间不长，国民党安徽省党部就以莫须有的罪名停止李世璋的活动，并派人重新建立县党部。1928 年 3 月，反动分子把持的广德县党部成立。王金林虽然名列执委，但由于他不愿和这伙人同流合污，而遭排挤打击，愤而离去。

1928 年 4 月，酝酿多年的安徽大学筹备就绪，开始招生。为了寻求革命真理，王金林向同学张思明家借了一笔钱再次奔赴安庆，考入安徽大学预科。8月，转入安大文学院政治系。他在这里结识了许多共产党员和进步青年，眼界大为开阔，思想认识有了新的提高。他参加了党的外围组织文艺社，又和一些同学组织了马克思主义研究会，学习马列主义理论。同年8月，由同学刘格非介绍加入中国共产党。王金林学习成绩好，活动能力强，能言善辩，为人又很随和，很受同学们的爱戴和信任。入党后不久，他接替俞仲则任安大共青团支部书记，还先后担任共青团怀宁中心县委的宣传部长和组织部长。

1928年11月，安庆因女中演戏事件爆发学潮，三千余名大中学生涌上街头，向正在安庆的蒋介石请愿，要求改革安徽教育，撤换省教育厅的负责人，矛头直指国民党新军阀的统治。王金林是这次学潮的领导者和组织者之一。

安大位于菱湖边上，隔壁就是安庆女中。女中校长程勉是个国家主义派，在他的控制下，女中封建守旧，死气沉沉。11月间，女中校庆，学校召开恳亲会，并演戏招待家长和来宾。安大团支部认为，女中太封建，应该冲击一下，就组织同学前去看戏，因场内人多拥挤，秩序很乱，结果好多桌椅被踩坏。程勉便说是安大学生有意捣乱，叫学生自治会主席宣布停演。安大学生提出质问，程勉居然给公安局打电话，诬告他们捣乱会场，侮辱女生，并把学校大门锁上，安大学生只得翻墙头逃出。

事件发生后，共青团怀宁中心县委决定抓紧时机进行回击，由组织部长王金林出面召集各校代表开会，拟出程勉十条罪状，提出打倒国家主义派程勉的口号，向省教育厅请愿，但为教育厅长、国家主义派头目韩安所拒绝。这时，适逢蒋介石到达安庆。程勉乘机向蒋介石哭诉，指控安大学生。蒋介石视学生如洪水猛兽，不但不公正处理此事，反而把爱护学生、维护学生民主权力的安大文学院负责人刘文典无理关押。消息传开，安大校园群情激愤。王金林和同学陈树德、陈处太、刘复彭等分头到各个学校活动，酝酿举行大规模的游行示威，向蒋介石请愿。他们的呼吁得到广大同学的响应和支持。11月22日下午，安大、高中、六邑、东南和女子职业学校等校的三千余名学生，高呼“罢免程勉！”“撤换韩安！”“改革安徽教育！”等口号，从安大操场出发，经陈公祠、吴樾街、四牌楼、紫棠阁，直奔省党部，向住在那里的蒋介石请愿。蒋介石接见了学生代表，但他未等代表们申述理由就破口大骂，说请愿是共产党的举动，并以开除学籍和就地枪决相威胁。由于蒋介石采用高压手段，这次请愿失败，王金林等十余名学生被开除学籍，并被通缉，王金林被迫离开安庆。

1928 年 12 月，中共沪宁路区党组织派人来广德开展工作，王金林应约由芜湖回到家乡，参与组建了广德的第一个党组织——中共广德直属小组。他以广德县立第一高等小学教师的身份为掩护，从事革命活动。1929 年 2 月，中共广德特别支部成立，他是特支负责人之一。同年冬，中共广德县委成立，王金林任书记。县委成立后，即根据党的八七会议制定的实行土地革命和武装反对国民党反动派的总方针，着手进行武装暴动的准备工作。12 月 1 日，王金林以给母亲做寿为名，筹集活动经费，并召开秘密会议，讨论暴动问题。会后，邓国安即去上海，通过关系在德国谦信洋行买回四支手枪。又在独树地区收集了反蒋的“护党救国军”彭建章部散失的部分枪支，为开展武装斗争打下了基础。

1929 年秋，广德地区螟虫成灾，收成歉薄。次年春荒严重、粮价飞涨，农民生活陷入困境。加上连年兵匪为患和名目繁多的苛捐杂税，农民被逼得走投无路，有的则自发地到地主家“吃大户”。组织暴动的时机日趋成熟。王金林和邓国安深入群众，宣传革命道理，提出“打死比饿死强”的口号。发动农民起来同地主豪绅作斗争。王金林文思敏捷，具有相当高的文学修养，为了教育和启发群众参加革命斗争，他创作了许多通俗易懂的革命歌谣，配上民间曲调，教农民演唱。下面这首流传甚广的《农民歌》就是王金林创作的：

莫打鼓来莫敲锣，听我唱个农民歌。
提起农民真正苦，流血流汗养地主。
提起农民真可怜，家中没有半亩田。
苛捐杂税租子完，妻子儿女不团圆。
提起农民真伤心，一年挣了三元钱。
不够吃来不够穿，他说穷人无算盘。
士豪劣绅实在坏，逼迫穷人儿女卖。
卖儿女来哭哀哀，眼泪汪汪往下筛。
农民苦来实在苦，地主吃细我吃粗。
手提钢刀和快枪，杀他娘的尽打光。

歌声犹如一声响彻云霄的春雷，预示着一场革命风暴的来临。

1930年3月，威震遐迩的广德暴动爆发了。王金林和邓国安从当时最为迫切的粮食问题着手，发动和组织花鼓塘一带的农民开展大规模的分粮斗争。先后在董家冲、陈塘、戈村等地分掉大地主的粮食十多万斤，并缴获了一些枪支。王金林领导的皖南红军游击队也在这时成立，分粮斗争胜利后，迅速转入武装斗争。4月，王金林率部到独树街活动。贫苦农民和纸工纷纷报名参加红军游击队。同时加强了对敌军的策反工作。敌军中不断有人向红军投诚，有的则率队起义加入红军。

广德暴动的爆发，吓得地方豪绅们胆战心惊。一个署名“靠苍山农”的人，在《兵寇秘录》一文中心有余悸地记述了当时的情景：“王金林乘其时人心浮动，遂散发传单，宣播宗旨，树旗聚众，称建设苏维埃政府，声势浩大。县城自卫队不敢出而剿之，任其所为。金林遂张。”广德是南京的南大门，历来为兵家必争之地。王金林点燃的星星之火，也使国民党政府深为不安。1930年4月，国民党首都卫戍团团副李元凯奉命率一个营来广德，对红军发动第一次清剿。王金林指挥红军游击队，采取“避敌主力，伺机出击”的方针，日蔽夜行，分散活动，打得敌人晕头转向，疲于奔命。在广德南部山区，红军连续袭击国民党的地方武装，击毙三名区长，在敌人内部引起一片惊慌。首都卫戍团清剿数月毫无进展，不得不于9月撤回南京，敌人的第一次清剿以失败告终。

广德武装斗争的兴起，受到上级党委的高度重视。中共江苏省委、江南省委和皖南特委先后派邱宏毅、李邦兴、陈林等来广德工作。1930年10月，皖南红军独立团在独树街宣告成立，王金林任团长，邱宏毅任政治委员，李邦兴任副团长兼参谋长。独立团下辖二、三两个营7个连，红军战士有600余人，长短枪260余支。二营是由不久前收编的郎溪毕家桥一股土匪武装改编的。土匪武装的收编无疑增强了红军的力量，但由于政治工作没能跟上，这伙人不遵守部队纪律，搞非组织活动，拉拢腐蚀红军战士，给独立团留下隐患。

随着农民运动的蓬勃发展和武装斗争的节节胜利，在广德西南乡和与广德毗连的郎溪县姚村地区相继建立了苏维埃政权。赤色区域面积达600多平方公里，人口有5万余人。1930年10月，广郎宣苏维埃代表大会在郎溪境内隆重召开。王金林在会上作了“关于红军与劳苦群众团体应有的关系”的演说。大会选举产生了广郎宣苏维埃准备委员会。王金林当选为委员会委员。大会决定实行土地革命，满足农民对土地的要求。由于当时处于战争环境，土地革命没有全面实行。

1930 年 10 月，国民党安徽省主席、军阀陈调元，派五十七师三四二团团长余逢润率一个团对广德红军发动第二次清剿。敌人凭借其优势兵力和迫击炮、机关枪等精良装备，气势汹汹地扑向赤色区域。为了保存革命力量，王金林等红军独立团领导人经过认真研究，决定率部取道浙江孝丰向赣东北转移，拟与在那里坚持武装斗争的方志敏部会合。1930 年 11 月底，王金林率领红军从月克冲出发，经建平垱到达孝丰的门东村。部队在这一带打土豪、筹粮款住了几天。这时，分别在广德西乡和南乡清剿红军的敌三四二团两个营已在柏垫附近的姚村会合。因看守不严，一名被红军捕获的敌情报人员乘机逃跑，暴露了我军的行动目标。12 月 7 日晨，红军独立团在门东村被敌三四二团、浙江省保安团等部包围。王金林指挥部队兵分两路，边打边撤，在阎王山（即棉花山）与敌激战数小时，终于突出敌人的包围圈。在此关键时刻，土匪出身的独立团二营营长沈云山勾结三营九连连长刘昭武带领 3 个连 300 余人逃到郎溪叛变投敌。战斗的失利和投机分子的叛变给红军造成重大损失，独立团由原来的 600 余人减少到 70 余人。

王金林率领部分战士突围后，经遐嵩林、月克冲、金龙山等地，辗转来到独树街一带的山区，又陆续集中了一部分突围出来的战士。面对严重的困难和挫折，王金林没有气馁，更没有消沉。他坚定地对同志们说："胜败是兵家常事。留得青山在，不怕没柴烧。我们一定要克服困难坚持下去。"

门东村战斗之后，独立团政委邱宏毅辞职去上海。全团的工作压在王金林一人身上，他当仁不让，勇敢地挑起革命的重担。1931 年初，他把部队带到郎溪鸦山进行整编。整编后的红军独立团下辖三个队，部队整编后即转移到黄金坝一带活动。

1931 年 2 月，国民党五十七师三四一团团长许国亭率一个营对广德红军进行第三次清剿。敌二营营长王德农带三个连驻花鼓塘。敌人一面加紧进行反革命清剿，一面采取"安抚"的手法，威胁、引诱我方人员自首，从政治上分化、瓦解红军队伍。8 月，国民党广德县政府将地方武装县自卫队扩充为保卫团，拼凑了 500 多人，配合许国亭部清剿红军。由于红军没有建立巩固的革命根据地，部队给养困难，人员和武器弹药都得不到及时补充。加上敌人到处杀人放火，白色恐怖严重，群众不敢接近红军，部队的吃饭穿衣都成了问题。王金林没有被困难所吓倒，仍然领导部队坚持斗争，先后在花鼓塘和张村等地袭击国民党的地方武装和民团。尽管红军在战斗中取得了一些胜利，但当时形势越来越严峻，已经无力扭转大局。作为红军领导人，王金林没有认识到情况的严重性，未能注意隐蔽精干，蓄积力量，等待时机，而是求战心切，频繁出击，结果造成不应有的损失。10 月 16 日，王金林率领红军游击队攻打甘溪沟的地主武装，他的得力助手、红军独立团第二队队长龚守德在战斗中英勇牺牲。10 月 22 日，王金林率领红军和赤卫队 300 余人攻打誓节渡。敌人严密防守，久攻不下。王金林在前沿阵地指挥作战，不幸左臂负伤。部队随即撤出阵地，王金林离队养伤。红军在转移途中不断遭到敌人的包围、追击，伤亡很大。红军独立团的斗争最后失败。国民党广德县政府和三四一团到处张贴布告，悬赏两万银元缉拿王金林。由于叛徒出卖，王金林在汪家冲被敌王德农部逮捕。第二天，王德农亲自把他押送到县城三四一团团部。敌团长许国亭听说抓到了王金林，高兴得不得了，以为升官发财的机会来了，随即对他进行审讯。王金林在敌人面前昂首挺立，慨然承认自己的所作所为。接着，许国亭又会同国民党县长邓质仪开庭对他进行正式审讯。在敌人的法庭上，王金林镇定自若，大义凛然。敌人首先讯问他的姓名、年龄、出身和职业，他轻蔑地说：“你们不用问，拿笔来我自己写。”王金林当场写下了一千多字的自述。当问到为何组织暴动反对政府时，他慷慨激昂，侃侃而谈，阐述了共产党救国救民的主张，痛斥了国民党反共反人民的罪行。讲到国家的衰败状况和人民所遭受的苦难，王金林满腔悲愤，声泪俱下。最后，他满怀信心地说：“国民党腐败透顶，中国共产党一定胜利！”

对于王金林的被捕，广德的地主豪绅欣喜若狂，认为从此可以高枕无忧了。后来得知邓质仪准备把他作为政治犯押送省会安庆，他们又惊恐万状，极力反对，并以不出两万银元作赏钱相要挟。不久，国民党安徽省主席、军阀陈调元下达电令，判处王金林死刑，就地执行。1931 年 11 月 22 日，王金林在广德北门外凤凰墩英勇就义，年仅 28 岁。这一天，广德县城一片紧张恐怖的气氛，大小商店都关门停业，街头路口布满荷枪实弹的士兵。尽管如此，仍有许许多多的人伫立在街道两侧和刑场周围，最后一睹他们心目中的英雄王金林的风采。在一队国民党军士兵的押解下，王金林拖着脚镣，昂首挺胸地经过大街、走向刑场。他一路不断高唱革命歌曲，高呼“打死比饿死强”“中国共产党万岁”等口号。他视死如归的英雄气概，使在场的人无不为之动容。

忠诚的共产主义战士王金林英勇牺牲了，但是，他播下的革命火种是扑灭不了的。他的革命业绩和献身精神，几十年来一直在群众中间广为传诵。他是一座丰碑，永远屹立在人民心中。

倪宗瓘

邓国安

邓国安（1903—1932），广德县花鼓塘人，中共广德县委第二任书记，广德暴动的领导人之一。

邓国安出生在一个贫苦的农民家庭，童年在家乡读了几年私塾，后入广德县立一高读书。时值“五四”运动爆发，邓国安和同学们一道上街示威游行，检查抵制日货，声援北京学生的正义斗争。毕业后，在花鼓塘小学教书。尔后去上海、黑龙江等地谋生。

1928 年底，邓国安回到广德，与刚成立的中共广德直属小组取得了联系。次年加入中国共产党。1929 年 12 月，王金林以给母亲做寿为名，召开秘密会议，讨论发动暴动的问题。会后不久，邓国安带着筹集到的经费去上海购买了 4 支手枪，为武装暴动做准备。1930 年 3 月，他和王金林一起领导了广德暴动。10 月，组建了皖南红军独立团，王金林任团长。部队和地方党组织这时分别设立。王金林专门负责红军独立团的工作，不再任中共广德县委书记，县委书记一职改由邓国安担任。1931 年 8 月，在红军独立团第三次反“清剿”失利的危急关头，他和张国泰以及省委派来的代表联名写报告给省委，如实反映独立团存在的“个人领导红军”等问题，并提出了解决问题的建议。省委还未及作复，广德人民的武装斗争就遭到失败，王金林被捕牺牲，广德党组织也被迫中止了活动。为了更好地坚持斗争，邓国安不避风险秘密前往上海寻找党组织。1932 年秋，他在沪西工人住宅区被捕。不久被敌人残害于漕河泾监狱，年仅 29 岁。

广德县地方志办公室

谢应凤

谢应凤（1906—1930），女，凤桥乡西坞村人。1930 年参加王金林领导的农民暴动，担任村妇女协会主席。她发动妇女支援前线，为红军独立团做服务工作，还向姐妹们宣传革命道理，号召剪发、放脚、学习文化，并自己带头剪掉长发，放了小脚。

同年 10 月的一天，广德红军独立团一部驻西坞村休整，国民党军突然来西坞“清剿”，红军毫无准备。谢应凤发现后，立即抄小路上山给红军报信，途中不幸被敌人抓住。敌人从她身上搜出了红袖章，知道了她的身份，就威逼她带路寻找红军，谢应凤严辞拒绝并怒斥敌人，以诱敌开枪向红军报警。敌人恼羞成怒，连发两枪，谢应凤壮烈牺牲。红军听到枪声，得以迅速转移。

广德县地方志办公室

张国泰

张国泰(1910—1931),又名张为,花鼓乡下山斗村人。先后在广德县立一高、浙江湖州吴兴公学及安庆东南中学读书。张国泰虽出身地主家庭，但顺应时代潮流，思想进步，富有爱国热情。在湖州求学时，参加并领导了当地学生的反帝爱国运动。1928 年在安庆加入中国共产主义青年团。同年 12 月返回广德，积极投身中国共产党领导的革命运动。翌年加入中国共产党。

1930 年 3 月广德农民暴动爆发后，共青团广德县委成立，张国泰任团县委书记。他领导团员、青年刻印散发传单，书写张贴标语，组织青年踊跃参军支前，有力地配合了红军独立团的武装斗争。

1931 年 8 月，张国泰在花鼓塘附近的文昌宫进行革命活动时，与国民党保安团遭遇，不幸中弹牺牲，年仅 21 岁。

广德县地方志办公室

刘祖文

刘祖文（1911—1933），花鼓乡东湾村人，先后在广德县立一高、二高及广德初中读书。他是共青团员。1930 年 3 月参加广德暴动，任赤卫队总队长。刘祖文工作积极，作战奋不顾身。在对敌斗争中立场坚定，不徇私情。他的大伯、地主分子刘绍鼎，极端仇视革命，被游击队镇压，刘祖文表示赞成。

1931 年冬，广德人民的武装斗争失败后，刘祖文只身前往上海寻找党组织。因“一・二八”战事爆发，未能与组织联系上。他只好离开上海，一路乞讨，回到郎溪亲友处暂住。次年夏，他再次去上海，终于和组织取得联系。党组织决定他仍回广德开展工作。刘祖文回到广德后很快组织起一支十余人的武装，在誓节渡的后村一带活动，影响逐渐扩大。1933 年 11 月 23 日，由于内奸告密，刘祖文率队在凤井乡稻谷冲活动时被敌人手枪队包围，大部分队员牺牲，刘祖文不幸被捕。不久即被敌人杀害，年仅 22 岁。

广德县地方志办公室

杨正宗

杨正宗（1899—1982），字木人，后改为默仁，广德县清溪乡大石桥人。出身农家，小时放牛、读书、种田。

1920年杨正宗外出求学，就读于宣城师范，曾聆听恽代英等人的教诲。因积极参加学生运动而被学校开除。后由恽代英介绍转入杭州师范插班学习。1924年毕业后，回到家乡教书。次年，恽代英介绍他去江西安源煤矿职工子弟小学任教。不久因同情支持工人运动而被捕入狱。获释后，他创作了纪念黄静源烈士的新诗《寒囚》，在创造社《洪水》半月刊上发表。其后又有诗作被该刊选用。由此，他结识了郭沫若。1926年，郭沫若（时任国民革命军总政治部副主任）将他安排到总政治部驻赣办事处任宣传科长，和潘汉年一起负责《国民革命军日报》的编辑工作。未几，他又改任郭沫若的助理秘书。他办事勤勉，认真精细，多次受到郭的称赞。翌年3月下旬，郭沫若在认清了蒋介石的反动本质后，毅然脱离了蒋介石，因只身陷在安庆，处境十分危险。留守南昌的杨正宗和郭失去联系后，料到情况有变，随即赶赴九江雇了一条小船顺流而下，将郭救出险境。南昌起义后，郭沫若随起义部队南下，杨因重病住院未能与郭同行。病愈后杨虽多方寻找，但终未能和郭取得联系，便折返家乡谋职。先后任县立初中教员、泾县政府秘书、第十集团军中校秘书、皖第六专员公署秘书等职。新中国成立后，曾在广德中学、宣城师范等校任教。1954年因政治历史问题被开除公职，遣送回广德城关，依靠种菜、编篮子为生。1980年有关部门将原先对他的处理作了改正。恢复公职后不久，担任省政协委员、省文史馆员、县政协委员、广德中学顾问。1982年病逝。著有《花圈集》。另发表古典诗词多首，散见于省内报刊。作者晚年对诗稿进行了整理，把1977年以后的作品集成《再生之什》；将散失焚毁的诗作回忆整理了25首，名之为《余烬之什》；从《花圈》中选出5首，编为《花圈选什》。三部分合编为《敝帚集》。作者去世后，其子女又搜集了他的一些零散作品，包括诗词、对联、题词、校歌等，以及《花圈》中未选入《花圈选什》的作品，另成一辑，名为“补遗”，收入《敝帚集》，于2014年面世。

广德县地方志办公室

饶国华

饶国华，1894 年 12 月生于四川省资阳县城北（今宝台乡张家坝）一个贫寒的农家。16 岁投入川军开始军旅生涯，历任排长、连长、营长、团长、师部上校参谋等职。1927 年得到国民革命军第二十一军军长刘湘的器重，任第二十一军第七师副师长，1935 年提任第一师师长。1936 年调任一四五师中将师长。20世纪30年代初，日本帝国主义扩大了对中国的侵略，它吞并东北窥视中原，中华民族处于生死存亡的严重关头。可是国民党政府仍坚持“攘外必先安内”的反动方针，置日本侵略于不顾，加紧“围剿”共产党领导的红军。1933 年 7 月，蒋介石任命刘湘为四川“剿匪”总司令，重新组织对红四方面军的进攻。饶国华曾奉命参与“围剿”，与红军交锋数次，但都失败了。作为一名爱国将领，他感到困惑和悲愤，思想也随之发生急剧的变化。他对友人说：“国难如此，实不愿再见自相残杀的内战，损失国力，利于敌人。”他开始同情红军，并以自己的实际行动支持红军。1936 年 2 月，红四方面军主力向西康境内转移，饶国华奉命率第一师追击，与红军殿后部队一度接触，以示交战，并继续追赶。实际是尾随红军之后把红军送走，一直送到 3 月中旬红军离开懋功为止。

1937 年 7 月 7 日，卢沟桥事变发生，全国抗日战争爆发。11 月 12 日日军占领上海，又兵分几路包抄国民政府首都南京。其中路经浙江的长兴、泗安和广德，直取宣城、芜湖，企图截断南京中国守军的退路。在此紧要关头，为了扼守外围阵地，保卫南京安全，蒋介石调第二十三集团军总司令刘湘所属五个师、两个旅约 5 万人限期集中于泗安、广德一线，坚守前沿阵地，阻击敌人进攻。

饶国华得知自己将率部首批出川抗日，十分激动，一心要在抗日前方为国效力。出征前，他特地拜访了他的启蒙老师伍鋆，坚定地表述了自己的决心：“此行为国抗战，不成功便成仁，如幸得马革裹尸还，学生的家属尚望恩师代为照顾。”出征途中，他顺道回到资阳家里，瞒着年迈的老母，与妻子蓝紫仙话别：“余此去，为国战，义无反顾。自古以来忠孝不能两全，老母年高，烦代奉养。”妻子明知他此去凶多吉少，但她理解丈夫的心情，强忍泪水，默默点头。饶国华军务在身，在家里只作短暂停留，即别妇抛雏，奔赴前线。

9月1日，饶国华率一四五师由四川万县乘船东下，11月20日到达南京后，奉令前往广德增援泗安方向。在距广德县城30里处，蒋介石派人直接送达命令，要该师固守广德。饶国华深知广德素称兵家必争之地，调遣他的部队驻守，既感“守一城，捍天下”，重任在肩，更庆幸抗敌报国，壮志能酬。

11月24日，饶国华率部到达广德后，立即前往广德以东与泗安交界的界牌部署兵力，以确保广德机场的安全。战斗前夕，他对侍从副官顾廷兴深情地说：“我奉命出川，志在歼灭敌寇，战机就要来临，怎能不叫我热血沸腾，跃跃欲试？”11月25日牛岛贞雄指挥日军十八师团及伪满军4000余兵力，由长兴出发占领了泗安，突破了中国守军的第一道防线，直通广德前沿阵地界牌。求战心切的饶国华率师部特务连和一旅某营同伪满军于藏山部及部分日军展开了激烈的遭遇战。他置生死于度外，亲临前线指挥，身负轻伤以后仍不下火线，将一挺机枪交给特务连连长，令他在自己身边还击。

敌人进攻受阻，就喊话诱降。饶国华告诫士兵：“我们都是中国的军人，宁可死而不可降，我们要为川军争省格。”他的大无畏英勇气概和视死如归的献身精神，激励着广大爱国官兵的顽强斗志。经过半日苦战，击退了日军的进攻。

日军首攻失利，26日依仗其优势装备又大举强攻。首先出动27架飞机轮番轰炸广德城和飞机场，尔后以装甲车、坦克开道，大批日军蜂拥而来。经过激战，终因敌我兵力悬殊，28日界牌失守，一四五师被追退至广德境内的祠山岗。

此时，部队伤亡过半，一个团竟收容不到一个营的兵力，加上宣城至广德的交通线被敌机炸坏而中断，增援无望。一四五师内外交困，处境危急。面对凶恶的敌人，硬拼必然吃亏，智斗方能减少损失。饶国华仔细观察了周围的地形，决定利用祠山岗的有利地势，发动士兵、群众将大批石块、门窗、桌椅等物堆在广泗公路上，设置路障，以阻击敌人。

但是，终因一四五师装备差，伤亡惨重，加上团长刘儒斋违背军令，擅自后退，以致造成全线溃败，祠山岗沦于敌手。日军乘势猖狂地向广德县城扑来。

泗安、界牌、祠山岗等地相继失守，广德县城危在旦夕，饶国华内心悲愤异常，深感军人失土，愧对国人。“阵地在我在，阵地亡我亡”，遂产生了自戕殉国的念头。

29 日下午，饶国华回到设在广德县城附近的师部。闭门给第二十三集团军总司令刘湘、副总司令唐式遵写下遗书：“刘儒斋不听指挥，以致兵败，职唯有不惜一死，以报甫公（刘湘字甫澄——引者）知遇及川中父老之情”“本部扼守广德，掩护友军后撤集中，已达成任务，我官兵均不惜牺牲为国效力，忠勇可嘉，深以为慰。广德地处要冲，余不忍视陷于敌手，故决与城共存亡，上报国家培养之恩与各级长官爱护之意。今后深望我部官兵奋勇杀敌，驱寇出境，还我国魂，完成我未竟之志，余死无恨矣。”30 日凌晨，饶国华将军自戕殉国。他为保卫祖国，反抗外敌入侵，谱写了一曲正气歌。

饶国华将军的殉国壮举在全国引起了强烈反响，芜湖、武汉、重庆、资阳等地举行了隆重的追悼会和公祭大会。时人挥泪口占一绝：“广德军威振，义胆挫敌酋。成仁昭大节，英名自千秋。”国民政府追晋饶国华为二级上将。

1938 年 3 月 12 日，毛泽东同志在延安纪念孙中山逝世 13 周年及追悼抗敌阵亡将士大会上，对包括饶国华在内的抗日爱国将领作了高度评价，他说：“从郝梦麟、佟麟阁、赵登禹、饶国华……诸将领到每一个战士，无不给予全中国人民以崇高伟大的模范。”

1983 年 9 月 10 日，四川省人民政府批发文件，“追认饶国华为革命烈士”。

2014 年 6 月，饶国华被中华人民共和国民政部评定为烈士，并颁发烈士证明书。同年 9 月，民政部公布第一批著名抗日英烈和英雄群体名录，饶国华将军位列其中。

谢国俊

许道珍

奔流不息的桐汭河水哺育了一位坚强的革命战士。他在学生时代就投身于王金林领导的广德暴动。抗战军兴，他千里迢迢奔赴革命圣地延安，寻求救亡图存之路。在家乡重新点燃了革命的星星之火，坚持斗争直至解放。他的名字和广德人民的革命斗争历史紧密相连，成为广德家喻户晓的人物。这位革命战士就是著名的共产党人许道珍。1912 年 5 月 10 日，许道珍出生在广德县誓节渡周村的一个书香门第。父亲许济之，原名俊，系清末秀才，南京两江高等师范学堂毕业，长期从事教育工作，是广德教育界的知名人士。新中国成立后，曾先后被聘为安徽、湖北两省的文史馆馆员。四叔许杰，毕业于北京大学地质系，参加过五四运动，1926 年加入中国共产党，是国际知名的地质学家，曾任地质部副部长，第五、六届全国人大常委会委员。

许道珍六岁上学，十二岁高小毕业后随父亲读了两年私塾。1926 年，随四叔许杰到省城安庆，先后在建华中学和第一中学读书。1928 年秋，加入中国共产主义青年团。1929 年，许道珍初中毕业，考入杭州之江大学附属高中，次年春转入安庆东南中学。因多次参加学生运动，被学校当局勒令退学，转入上海惠灵中学读高二。1930 年，在共产党员王金林的领导下，广德农民举行暴动，成立了皖南红军独立团和苏维埃政权。这年寒假，许道珍毅然放弃学业，投身革命。他变卖了所有好一点的衣服，买了红军亟需的药品，由上海回到广德赤区，先后任共青团广德县委巡视员、乡游击队指导员和油印小报编辑。1931 年 10 月，皖南红军独立团的斗争失败，王金林被捕牺牲。许道珍躲过敌人的搜捕辗转到上海，住在地质研究所助理研究员许杰家里。1932 年夏，在上海从事地下活动的中共广德县委书记邓国安派他和另外两人一道，前往休宁万安街寻找一支兵暴队伍，结果没有找到，只好离开万安回上海。途经宣城，许道珍突然生病而滞留下来。这时，许杰已随地质研究所迁到南京。他病好后就到南京投奔四叔。1933 年春，经在安庆任律师的同乡周松圃的介绍，许道珍到东流县章家村大光中学附小任教。1935 年起在广德县立初级中学教书。

1937年7月7日，卢沟桥事变爆发，抗日民族解放战争开始。8月13日，日军又把战火烧到上海。14日，广德军用机场遭到日本空军轰炸。在强敌入侵、民族危亡的严峻时刻，许道珍忧心如焚，寝食不安。战局如何发展成了他同朋友们经常议论的话题。他曾设想要是日军打到家乡，他一定要组织武装抵抗。正当他忧虑苦闷之际，突然收到二弟许道琦从西安的来信，说他决定去延安学习，希望道珍也去。接到这封信，许道珍欣喜若狂，心情为之一振。他与同事尚金铭（后改名尚伯康）、在县义务教育委员会工作的周嘉琳商定，同去延安寻求抗日图存之路。他们忙着筹集盘缠，打点行装。10月初，毅然告别亲人，踏上革命征途。在西安，经八路军办事处介绍，于11月到达革命圣地延安，进入中国人民抗日军事政治大学第三期第三大队学习。

第三大队是知识青年队，马列主义基本理论是学习的主要课程。为了把这些知识青年培养成能文能武的干部，抗大特别重视对他们进行军事教育，安排了游击战的教学，增加了军事训练的内容。许道珍一到抗大，就投入紧张的学习生活。马克思主义的科学理论在他面前展现了一座丰富的思想宝库。他学习运用无产阶级的世界观和方法论来观察世界，认识世界，政治觉悟大为提高。同时，通过建校劳动和艰苦生活的磨炼，在思想感情上也有了显著的变化，自觉地把个人的命运同中国的革命事业联系在一起。他郑重地向党提出入党的要求。党组织鼓励他在工作中解决这个问题。党中央对知识青年非常关怀和信任。毛泽东尽管工作十分繁忙，还常常抽出时间同学员们谈话，对他们的革命热情给予高度评价。他说：“进抗大没有考试，但你们已经考过了，一是跑了这么远的路，二是吃了小米，三是住了窑洞，这是最好的考试。”一次，毛泽东来抗大，学校领导留他吃饭，听说许道珍会烧菜，就叫他来帮厨。第三大队学员毕业时，毛泽东又同他们进行了一次亲切的谈话，鼓励大家投身到火热的斗争中去锻炼、改造自己。领袖的谆谆教导使许道珍毕生难忘。

1938年3月底，许道珍在抗大毕业，分配工作。他在延安生活了五个月，时间虽然很短，但对他的一生却具有决定性的意义。后来，他在七绝《抗日军政大学二首》中，深情地回忆了这段难忘的经历，抒发了自己的深切感受：

抗日大学堂且皇，育培干部有多方。
条条大路通共产，发动人民齐救亡。

延安学习意深长，方向端明永不忘。
百日取经堪久用，出生入死骨头强。

1938 年 4 月初，许道珍和周嘉琳一道告别延安到达汉口。长江局组织部长秦邦宪派他们到皖南新四军工作。他们经九江、南昌、金华等地到达歙县岩寺新四军军部。5 月初，许道珍由周嘉琳介绍，中共皖南特委批准加入中国共产党。为了扩大党的政治影响，配合新四军东进，他们受皖南特委的派遣，于 5 月回到广德，从事组织发展、统一战线和抗日动员工作。

许道珍离开广德不过半年多的时间，但家乡已经面貌全非。广德两次沦陷，日军在城乡烧杀淫掳，无所不为。好端端的一座县城成了一片废墟。誓节渡到处是残垣断壁。劫后的凄凉景象，更加激起他对日本侵略者的仇恨。

当时正是国共合作时期，许道珍和周嘉琳来到国民党广德县政府临时办公地柏垫努力村，以八路军退伍人员的身份参加广德县民众总动员委员会的工作。周嘉琳任动委会总干事，许道珍在动委会下设的青年工作团任副团长。张思齐、许道琛、胡惠民等一批爱国青年都参加了青工团。青工团通过文艺演出的形式，宣传抗战必胜的信念，激发民众的爱国热情。许道珍是个多才多艺的人，既是导演又是演员。他率领团员们带着简单的行李和道具，跋山涉水，在城乡各地开展抗日宣传活动。演出的节目上有风靡一时的抗日短剧《放下你的鞭子》和《义勇军进行曲》《松花江上》等抗日歌曲。生活虽然很艰苦，但大家情绪饱满，宣传活动搞得有声有色。许道珍注意抓建党工作，回广德不久，就吸收许道琛、张思齐入党，接着又在青工团员中秘密发展了胡惠民、罗建国等一批党员，为以后的组织发展培养了骨干。

1938 年 8 月，金汉鼎率领国民党第三战区军风纪视察团来广德。他对广德的抗日救亡活动非常不满，认为是共产党活动所致。周嘉琳、许道珍的活动受到国民党当局的限制和打击，不得不退出动委会和青工团。张思齐、许道琛、胡惠民等也被迫相继离开。

许道珍离开青工团后，来到苏村创办了苏村小学，并任校长。他以此为掩护，继续开展革命活动，在教师、学生和农民中发展了一批党员，成立苏村支部，许道珍任书记。接着又在县城、十八里店、横岗和郎溪的涛城等地发展党员近百人，成立中共广德县工委，周嘉琳任书记，许道珍任工委委员兼苏村区工委书记。1939 年 8 月，广德县工委改为广郎县工委，许道珍任工委委员兼组织部长。当时，他的三叔许端甫在誓节渡开了一爿商店，又是邮政代办所。许道珍在这里设立了党的秘密联络站，负责搜集情报，传递信件、报刊。他教育、争取了一批青帮头子和流氓无产者。他们利用自己的特殊身份为搞情报、跑交通、掩护党的干部，做了许多工作。抗日战争进入相持阶段以后，国民党的反共和对日妥协的倾向明显增长，陆续制定和颁发了《防制异党活动办法》等反共文件，积极推行反共反人民的政策。广德的局势也开始逆转。1939 年秋，国民党广德县政府根据皖南行署的密令，决定逮捕许道珍并押往屯溪受审。许道珍被迫离开广德。9 月，调往金宝圩任中共宣当芜中心县委书记（后任副书记）。

金宝圩位于宣城北乡，是苏皖两省宣城、当涂、芜湖和高淳四县会合处。这里环境险恶，处于敌伪顽包围之中。1940 年 9 月，国民党对金宝圩的抗日武装连续发动进攻，酿成震惊一时的“金宝圩事件”。在党组织的掩护下，许道珍安全脱险，经新四军四兵站回到云岭新四军军部。次年初，被派到宜兴任中共太滆中心县委宣传部长。

皖南事变之后，广郎地区党组织遭到严重破坏，广郎中心县委处境困难。为了保卫党的组织，许道珍奉苏皖区党委之命令，于 1941 年 5 月回广德组建武装。他从政治可靠和有军事工作经验的人中挑选了 5 个同志，建立了郎广游击队。他任广郎中心县委委员兼游击队指导员。不久，区党委又派龚铁来广德任游击队队长。龚是一位参加过井冈山斗争的老红军战士，具有丰富的游击战争经验。他的到来使许道珍如虎添翼，活动逐步展开。当时，广德驻有国民党的忠义救国军、五十二师和其他地方武装，几乎是遍地皆兵。游击队在极其困难的条件下坚持斗争，通过封锁线向驻苏南的新四军第十六旅提供情报，护送从皖南事变中脱险的人员到苏南抗日根据地，惩处作恶多端的叛徒、特务，夺取国民党顽军的枪支武装自己。到 1943 年，郎广游击队发展到 40 余人，有效地保护了中心县委的安全。

1943 年 10 月，日军兵分三路侵犯苏浙皖边区，国民党军队不战而逃，广德第四次沦于敌手。11 月，新四军第十六旅第四十八团尾随日军挺进广德北乡，开辟敌后抗日根据地。十六旅旅部、苏皖区党委和苏南行署也南移广德。许道珍率郎广游击队下山与四十八团会师，并奉命组建抗日民主政权。

1944 年 1 月，广德县抗日民主政府在杭村水东岕成立，许道珍被任命为县长。由于长期过着艰苦的游击生活，他的身体不大好，患有多种疾病，特别是腿脚软弱麻木，行动不便。医生劝他注意休息，但当时根据地初创，组织反扫荡、动员青年参军、建设区乡政权等许多工作等着他去做。他顾不上休息，常常拄着一根卫生棍深入山界、田间工作。他头戴草帽，身着便衣，走到哪里就和哪里的群众亲切交谈。要是不听他风趣幽默的谈吐，不看他身上挂着短枪，人们往往把他当作一个地道的农民。他在工作中认真贯彻党在抗战时期的各项方针政策，发动农民进行减租减息，组织纸业工人开展增资斗争，主持召开士绅会议，团结他们参加抗战大业，受到各阶层人民的拥护。根据中央向东南发展的战略方针，1945 年 2 月，新四军苏浙军区部队向浙西敌后进军，在天目山地区取得三次反顽战役的胜利，开辟了包括广德南部在内的浙西地区，成立了中共广南县委和广南县抗日民主政府。原广德县改为广北县。三次反顽战役期间，广德县成立了支前委员会，担负着繁重的支前任务。为了保证战役的胜利进行，粟裕司令员一天一个电报，要求把粮食按时运到，不得延误。许道珍不分昼夜，动员并亲自带领民工运送粮食到浙西前线，再把伤病员从前线接回来。做到部队打到哪里，粮食就运到哪里。许道珍旺盛的精力和忘我的工作精神，深深地感动了参加支前工作的同志们。

1945 年 8 月 15 日，日本宣布无条件投降。中国人民经过八年的全面艰苦战斗，终于取得了抗日战争的完全胜利。28 日，苏浙军区第三纵队第九支队光复广德。广北、广南两县党政机关和地方武装在广德县城胜利会合。许道珍出任两县合并后成立的广德县民主政府县长。抗战胜利后，中共中央提出“和平、民主、团结”三大口号，在积极争取国内和平的同时，针对国民党发动内战的阴谋，制定了“向北发展、向南防御”的战略方针，决定让出苏南、皖南等八个根据地。1945 年 9 月底，广德县党政机关和地方武装开始北撤。途中，许道珍突然接到命令，要他留下来坚持斗争。他来不及同北撤的妻子说一句话，就匆匆赶往张渚接受任务。

在张渚召开的留守工作会议上，苏浙区党委宣布，根据中央指示，留下部分人员和武装坚持斗争，成立苏浙皖边区特委，下设茅山、太滆、郎广、浙西四个工委。许道珍任郎广工委副书记兼新四军郎广留守处主任，负责部队工作，书记为张思齐，下辖宣城、郎溪、广德、长兴四县。10 月 10 日，许道珍等率领警卫连由张渚返回广北。工委乘国民党军队尚未到达之际，在仙姑庙召开会议，研究留守问题。同志们在发言中，对许道珍寄予极大的信赖，认为他在他们中间年龄最大，能力最强，斗争经验最丰富。他本人和他的家庭在社会上的威望高，是坚持斗争的一个有利条件。许道珍没有辜负大家对他的信赖，勇敢地肩负起指挥部队的重任。他率领部队在广北、郎溪一带活动了二十多天后即向广南山区转移。为了缩小目标，他将部队划为四个小组，分散活动。这时，国民党几个师的兵力已扑向郎广地区。敌人从南到北，步步为营，向前推进，对游击队活动的山区，则进行搜山清剿，企图一举将我留守部队剿灭。为了摆脱困境，许道珍提出，干脆到敌人鼻子底下去活动，那里敌人不太注意，反倒安全些。他率领工委人员转移到誓节渡附近的一片树林中，隐蔽了一个星期。白天不出去，不准讲话，不准咳嗽。要咳嗽就把嘴捂在背包里咳。夜深人静才能打开背包睡一会儿。这个出敌不意的行动果然奏效。一天，大路上出现大量敌人，讲话声清晰可闻。可是敌人万万没有料到，他们所要剿灭的游击队就在跟前。由于敌人的疯狂清剿和反革命的政治宣传，宣城、长兴两县武工队都被打垮，广德武工队减少到 13 人，工委警卫连也不稳定，开小差的时有发生。特别严重的是，警卫连连长傅家齐和郎溪武工队的师尚荣相勾结，于 11 月底胁迫 10 余名战士携带机枪 2 挺、手枪 8 支、步枪 10 余支，到誓节渡投敌。郎溪武工队只剩下 5 人，工委也只有 10 余人。游击队到了生死存亡的严重关头。这时又传来不祥的消息，许道珍的三弟、工委特派员彭海涛在宣城被捕，押往杭州。二弟许道琦抗大毕业后分配到中原部队工作，长期无音讯，下落不明。许道珍以大局为重，极力克制自己的感情。他对前来劝慰的张思齐说：“道琦、道琛的情况目前很难打听，以后再说吧。现在最重要的是想办法坚持下去。”为了巩固内部，便于坚持，他们商定，让一些身体不好的战士暂时离队，等形势好转再回来。结果，工委只剩下 8 人。整个郎广地区的留守人员由 170 余人锐减到 26 人。在严重的困难面前，许道珍没有后退一步，他在安沟及时召集同志们开会，说明当前情况的严重性，号召大家团结起来共渡难关。他斩钉截铁地说：“愿意干的就留下，不愿意干的可以自找出路，只要不做坏事，我们后会有期。”同志们没有被一时的困难所吓倒，纷纷表示，坚决革命到底，决不动摇。许道珍和张思齐率领这支小型武装，在誓节渡、苏村一带的深山密林中风餐露宿；与敌周旋，战胜重重困难，度过了大军北撤后最为艰苦的一段时间，终于为党保存了一批骨干力量。

敌人在得意忘形之际，又打起许道珍的主意。就在傅家齐、师尚荣叛变之后不久，国民党广德县长姜达绪派人把避居乡间的许济之“请”到县城，要老人把三位公子请出来“做事”，并露骨地说：“不一定都出来，来一个也行。”老人正色答道：“小孩子十八岁以前由父母负责，十八岁以后则非父母所宜多管。况且人各有志，父母也未必管得了。”几句话，有理有节，不亢不卑，说得姜达绪无言以对，但又不好发作，加上济之老人在广德享有崇高的威望，敌人对他也奈何不得，只好不了了之。后来，老人谈起此事，说到县长大人当时的狼狈相，许道珍不禁哈哈大笑。

1945 年 12 月底，为了抢占战略要地，发动内战，国民党撤走了在郎广地区清剿的正规部队，广德的环境相对稳定些。次年 2 月，郎广工委与郎溪武工队在阴崖子会合。这天正好是农历大年三十，许道珍派人买来了猪肉，又派人挖了一些冬笋，13 个人欢欢喜喜地聚在一起吃年饭。面对这些经历了残酷斗争考验的革命战士，许道珍不禁心潮起伏，感慨万千。他幽默而又深情地对大家说：“留得青山在，不怕没柴烧。历史上不是有个‘十三太保’吗，我们 13 个人就是‘十三太保’。”他的革命乐观主义精神深深地感染了同志们，大家都为自己是“十三太保”的一员而自豪。不久，彭海涛从杭州越狱归来，又收容了几个落伍战士，广德武工队从广北派来的一个小组也与工委武装合并，游击队增加到二三十人。许道珍抓住有利时机，在苏村一带开展群众工作，发展党员，建立立足点，开始在群众中站稳脚跟，从而胜利地经受了国民党新七师对郎广地区的第二次清剿。自卫战争开始后，新七师调往苏北参加内战，被我军全歼。消息传来，人心大快，在敌人内部也引起震动。原在游击队工作、回家打埋伏后被迫在国民党誓节乡公所当兵的何增太、王春发等乘机发动兵变，带领 10 余名士兵投奔郎广工委，大大增强了游击队的力量。

1946 年下半年，许道珍根据华中分局《七一指示》的精神，改变保存力量、等待时机的方针，率领游击队到外围地区活动，并向反动统治薄弱的地区发展，朝着建立游击根据地的目标前进。1947 年，郎广地区的游击战争以燎原之势迅猛发展。彭海涛和史纪昌率部分别开辟了宣宁地区和广南地区。郎溪、宣宁和广南相继建立了县级人民政权。郎广游击根据地发展成为苏浙皖边工委向南发展的重要基地。

苏浙皖边工委是根据华中分局的决定于1947年2月正式成立的，下设太滆、郎广两个分工委。同年夏，边工委的领导位置从太滆移到广南，边工委武装与郎广工委武装会合，组成苏浙皖边区大队，开始向宁国、孝丰发展，开辟了广宁孝地区。10月，郎广分工委撤销，宣宁和郎溪合并，成立郎溪、广南、广宁孝三个直属县工委。许道珍任边工委委员兼广南县工委书记。

1947年10月，国民党发觉刘邓大军无过江意图，即抽调江防部队六十三师和地方武装对皖南各游击根据地进行第三次清剿。12月，边区大队先后在大吴村和地村被围，损失严重。1948年2月初，敌人集中三四百人，分五路清剿广南地区。广南县下属的四个区都有程度不同的损失。反清剿斗争结束后，许道珍及时采取措施，加强基层工作，打击反动分子，发动群众开展“三抗”（抗丁、抗粮、抗捐）和“双减”（减租、减息）斗争，游击根据地很快得到恢复和巩固。随着形势的好转，苏浙皖边工委即积极组织力量继续南进。1948年3月，在边区大队的基础上组建了边区支队。7月，撤销广南县，抽调干部加强广宁孝地区的力量。8月，边工委率边区支队进入宁国、昌化边境活动，开辟了天西地区。为了加强郎广地区斗争的领导，同年底，边工委决定撤销郎溪和广宁孝两县建制，成立路南分工委，许道珍任副书记。

这时，正面战场捷报频传，刘邓和陈粟两路大军在取得淮海战役的伟大胜利后，迅即挥师南下，饮马长江，推翻蒋家王朝的统治已指日可待。许道珍全力以赴投入策应大军渡江的工作。他将宣长路以南到宁国、孝丰一线的敌情，包括敌军番号、部署、工事和据点地形绘制成地图，上报边工委，转送驻长江以北的解放军部队。同时加强统战工作，团结了一批开明士绅和在社会上有影响的人士，通过他们对国民党地方军政人员进行策反。又对敌人发动政治攻势，敦促他们认清形势，弃暗投明。当时，国民党反动统治土崩瓦解，其下层人员都不愿继续为蒋介石卖命，纷纷响应许道珍的号召，抵制国民党县长卢慕曾集中撤往杭州的命令，摆脱控制，待机行动。从4月26日起至5月初，国民党柏垫联防区和桐汭、柏垫、独树、苏村、誓节、花鼓、景贤、高湖、凤井、双溪等乡镇武装，以及第二连等部，共500余人，携带机枪8挺、长短枪480余支，先后向人民政府投诚。

1949年4月20日晚8时，人民解放军发动渡江作战，一举突破长江天堑，长驱直入。喜讯通过无线电波传遍郎广大地。根据苏浙皖边工委的部署，许道珍、史纪昌奉命接收广德。26日，三野第二十七军解放广德。同日，史纪昌率领游击队向县城进发，次日进城与第九兵团供给部长取得联系。28日，许道珍进城组成临时政权机构，组织广大干部、群众投入紧张的支前工作。广德地处通往上海、杭州的交通要冲，过境的解放军部队多达9个军，支前工作十分繁忙。部队和地方共同组成广德县支前委员会，部队的供给部长任主任，许道珍任副主任。他组织干部在短短的几天内为大军筹集了大量粮食，保证了过境部队的需要。5月8日，随军南下的察哈尔冀中第五支队第四大队干部到达广德，与地方干部会师。9日，中共广德县委和广德县人民政府成立，许道珍任县委书记兼县长。6月，调任宣城专区专员。新中国成立后，他历任芜湖市副市长、淮南煤专办公室主任、安徽省科普协会副秘书长、安徽科学分院副秘书长，第三届省政协委员、副秘书长。由于许道珍1933年在大光中学教书时，国民党特务朱学易逼迫并代他办了自首手续。次年，他的两个弟弟道琦、道琛在杭州以共产党嫌疑案被捕，朱学易又乘人之危，胁迫他到郎溪当了五个月的肃反专员。他当时并未出卖组织和同志，并且早已向党组织交代清楚，但在“文化大革命”中，却被打成叛徒，受到残酷的迫害。他虽然身处逆境，但坚信党，坚信人民。当时，他接待了许多外调人员，为有关同志写了大量证明材料。他抱着对党对同志负责的态度，坚决顶住压力，实事求是地写出他所了解的情况，决不伤害一个同志。1969年2月19日，许道珍突患脑溢血，在合肥溘然长逝，终年57岁。十一届三中全会以后，党根据实事求是的原则为他平反昭雪，恢复名誉。1979年10月29日，许道珍和其他六位同志的追悼会在合肥隆重举行。省委书记张恺帆在悼词中对许道珍的一生作了客观公正的评价，充分肯定了他对革命和社会主义建设事业所做的贡献。

广德人民无限怀念许道珍，为他盛年早逝深感惋惜和悲痛。他的革命业绩和献身精神将永远铭刻在人民心中。

华仑　倪宗瓘

周嘉琳

周嘉琳，安徽广德县人。1937年10月参加革命，1938年2月在延安抗大入党。历任中共广德县工委书记，广郎县工委书记，江当溧巡视团团长，宜溧中心县委副书记兼宜兴工委书记，溧水县委书记，镇金县委书记，苏皖区党委宣传科科长，横山县委书记，京芜中心县委组织部长兼横山县委书记，郎溪县委书记兼县长，孝丰县委书记兼县长，广南县委书记，广德县委副书记。

自1945年新四军北撤山东解放区起，历任胶东行署实业处副处长、北海银行行长、胶东行署驻大连办事处主任。1948年奉调返回华东，历任华东财办生产部企划局局长、华东财办生产部济南办事处主任。

1949年随军进驻上海，历任中纺公司驻国棉四、五、六、七厂军事代表、华东纺管局计划处处长、华东工业部计划处处长、华东地方工业局副局长。1955年奉调北京，历任国家地方工业部轻工局副局长、中轻部日用化工局局长兼皮革局局长。1958年调广西壮族自治区，历任广西工业厅副厅长、广西轻工厅厅长兼党组书记；广西维尼纶厂筹建处领导小组组长和党的核心小组组长；广西经委副主任兼轻工局局长、党组书记。1983年离休。

一、奔赴延安

周嘉琳1915年5月生于安徽广德县誓节渡河洲村。祖籍湖北天门，上代人逃荒到安徽广德。父亲是鞋匠，在他七八岁时，父亲因劳累过度病故。他五六岁时即人私塾，半年后进了洋学堂——县立第二高等小学（其时初小四年，高小三年）。小学毕业后即读不起书，长期失学。十四五岁时到一家槽坊当学徒，后来又去一家肉店管账。直到1933年下半年，其兄长师范毕业当教员有了工资，方得以复学，随即考入广德县立初中继续读书。半年后因天大旱家境困难，被迫中途退学。后在朋友范钟的帮助下谋得一份工作，1935年得以复学，一面读书，一面在度量衡监定所抄写报表。周嘉琳在校聪颖好学，成绩优秀。特别是文科，能写一手好文章和好字。友人常称他记忆力过人，一本《百家姓》看上三遍即可全文背诵，可谓一目十行，过目不忘。1936年周嘉琳初中毕业后留校当事务员。

1937年到广德县报社当记者。后来到县义务教育委员会任干事。

当年广德县有一个青年叫许道珍，曾经参加过早年的广德暴动，思想进步、聪明正直、见多识广，在广德青年中有很高的威信。周嘉琳青少年时期多次失学，生活动荡不安，思想苦闷压抑，不满旧社会的黑暗腐败；在许道珍的影响带动下，参加过许道珍组织的宣传革命进步思想等秘密活动，成为好友。

1937年“七七”事变，抗日战争全面爆发。不久，从许道珍的妹夫黄智开处传来陕北公学正在招生的消息，许道珍和尚金铭决定去延安，考虑到周嘉琳结婚不久就没有告诉他。周嘉琳闻讯后即刻找上门：“你们也有妻子、儿女，我为什么不能去！”于是三人想方设法筹集路费，1937年9月起程。行前没有向家人透露实情，包括周嘉琳已有身孕的妻子李觉新（原名李国华）。一行步行两日到宣城，即乘船到南京，再乘火车去西安，沿途辗转数日抵西安八路军办事处报名，被录取到延安抗日军政大学。千里迢迢、跋山涉水、历时月余，终于来到革命圣地延安。

二、抗大洗礼

周嘉琳在延安抗日军政大学是第三期第三大队学员。一到抗大就投入了紧张的学习生活，早晨六点起床，冒着严寒到延河边出操。当时物质生活艰苦，上课无桌椅，就用破砖砌凳，膝盖为桌。吃的是小米加豆角，喝的是混浊的延河水，半年才洗一次澡。但是课余生活丰富多彩，各种体育比赛和歌咏活动搞得热火朝天。马列主义基本理论是抗大学习的主要课程，内容有哲学、社会发展史、统一战线和群众工作等。任课教员有红军将领萧克（讲游击战）、艾思奇（讲哲学）等，八路军彭德怀副总司令从前线回来也到抗大作过报告。毛泽东主席到抗大讲过一次很幽默的话，他对大家说，你们进抗大没有考试，但你们已考过了，一是跑了那么远的路，二是吃了小米，三是住了窑洞，这是最好的考试。在抗大周嘉琳得到组织信任。他平生备感自豪的第一件事是：有一次毛主席来抗大，抗大派周嘉琳任监厨，许道珍任厨师，为毛主席备餐。

在延安抗大学习期间，周嘉琳经许道琦介绍参加了中华民族解放先锋队（“民先”）。1938年2月经袁得奋、汪应中二同志介绍加入中国共产党（候补期3个月）。他还参加了“抗大同学劝募会”的工作，帮助母校发展。

周嘉琳在延安抗大接受了革命的洗礼，树立了坚定正确的政治方向，从此投身党的革命事业。

1938年初，抗战前方各类干部匮乏。新四军军部这时已在南昌成立，也亟需干部，抗大不断有人抽调上前线。1938年4月周嘉琳抗大毕业被分配到汉口中共中央长江局。临行前，抗大政治部副主任胡耀邦代表组织找周嘉琳谈话，要他当一个队的队长，带一百多名学员南下，要大家做好到敌后过艰苦生活的思想准备。周嘉琳没有辜负党组织的信任，率队由延安平安到达汉口，把人员交到八路军驻汉口办事处。因此受到表扬并缩短候补期。长江局组织部长秦邦宪（博古）要周嘉琳和许道珍到皖南新四军工作。当时新四军军部已迁到岩寺，他们辗转赶到岩寺，正在岩寺的中共皖南特委书记李步新派他们回广德进行党的组织发展和统一战线的工作。

三、投身革命

1938年5月，周嘉琳、许道珍风尘仆仆回到家乡，当时，周嘉琳的妻子已流亡到江西，他无家可归，住在朋友家里。周嘉琳发展了闻讯前来的革命青年许道琛和张思齐入党。不久，广德县民众总动员委员会成立。当时是抗战初期，国共结成统一战线。周嘉琳任动委会总干事。接着又成立了青年工作团，许道珍任副团长。青工团下乡开展抗日宣传活动，把抗战消息贴在墙上，演抗日戏，教唱延安流行的抗日歌曲，还进行个别访问、开小型会。周嘉琳他们利用合法身份在苏村、田里戈村、花鼓塘等地一带活动，组织妇女、青年，灌输抗战必胜的思想。他们宣传持久战的思想，还把毛主席的《论持久战》送给统战人员。还在青工团秘密发展了一批党员。通过“动委会”“青工团”这一合法组织开展活动，扩大抗日影响，为以后的建党工作打下了基础。皖南特委书记李步新肯定了他们的开展工作。

1938年下半年，国民党反共限共，周嘉琳离开了“动委会”和“青工团”。他先后当过庙产调查委员、区公所区员，活动受到监视，就到苏村小学教书。不到一个月，周嘉琳他们又发展了第三批党员（包括他的妻子李觉新），成立了苏村党支部。苏村的抗日工作热火朝天，女党员还以结拜姊妹为名，成立姊妹会、妇女识字班，组织妇女学习文化，宣传抗日救国的道理，发动妇女做军鞋送给新四军，张贴抗日标语等等。1938年秋冬，根据皖南特委的指示，周嘉琳他们在县城、誓节渡、花鼓塘、北乡砖桥等地大量发展党员，成立了中共广德县工委，周嘉琳任书记。周嘉琳、许道珍介绍很多人员去云岭（新四军军部所在地）学习。

1939年夏，苏皖特委派青年部长王一凡到广德，因当时广德县党组织已发展到郎溪县，就决定成立了中共广郎（广德、郎溪）县工委，周嘉琳任书记。广郎县工委由皖南特委改属苏皖特委领导，苏皖特委书记是谭启龙。10月，周嘉琳撤离广德到苏皖特委，任苏皖特委江当溧巡视团团长。1940年春，周嘉琳任宜溧（宜兴、溧阳）中心县委副书记兼宜兴工委书记。不久，他到新四军江南指挥部参加会议，接受调查友军情况、建立联络站等工作任务。他找到罗建国（党员）等人在宜兴与广德交界的张渚桥涯开了个饭店，自己出任老板。这个饭店成为打通浙西与苏皖区党委的联络点。

1941年震惊中外的皖南事变发生后，周嘉琳代表宜溧中心县委驻新四军六兵站，主要任务是护送突围的新四军转移到苏南根据地。以后又先后在苏皖区党委、茅山等地工作，担任过溧水县委书记、镇金（镇江，金坛）县委书记、苏皖区党委宣传科科长、横山县委书记。

1943年初，新四军六师十六旅挺进郎广地区，发展党的组织。十六旅四十六团活动的大官坪、横山地区成立中共京芜中心县委，团政委丁麟章任书记，周嘉琳任组织部长兼横山县委书记。1944年春周嘉琳被调任郎溪县委书记兼县长。半年后到华东党校参加整风学习。

1945年春党校毕业后，周嘉琳被派赴浙西地区工作，任孝丰县委书记兼县长。下半年任广南县委书记。日军投降后，广南、广北两县合并为中共广德县委、广德县民主政府，县委书记赵荫华，周嘉琳任副书记。

在1938年至1945年的八年间，周嘉琳在安徽、江苏、浙江三省的广德、郎溪、当涂、溧水、溧阳、宜兴、镇江、金坛、横山、孝丰、广南等十几个县先后担任过工委书记、县委书记、县长、巡视团团长等，隶属新四军领导。他大力发展党的组织，领导开展了大量的地方政权工作。这期间周嘉琳为了革命工作不仅长期离别妻儿，还经常遭遇危险。1939年冬，周嘉琳任苏皖特委巡视团团长时，在江当溧地区与地方的二位同志同行，途中遇敌躲避不及，被日寇扣押。日寇用绳索捆绑他们，撕碎他们的衣服，用布塞住他们的嘴，把他们拉到湖边实施枪毙威胁。他们始终没有暴露真实身份，后在当地群众的救助下，才得以一一脱险。

1945年抗日战争胜利后，周嘉琳随新四军北撤。在山东解放区，周嘉琳历任胶东行署实业处副处长、北海银行行长、胶东行署驻大连办事处主任。1948年调回华东,历任华东财办生产部企划局局长、华东财办生产部济南办事处主任。

四、建设年月

1949年春周嘉琳随解放大军南下，进驻上海，历任中纺公司驻国棉四、五、六、七厂军事代表，华东工业部计划处处长，华东地方工业局副局长。这期间曾在汪道涵、张劲夫同志的领导下工作，主要抓纺织工业方面的工作。

1955年周嘉琳调北京，历任国家地方工业部轻工局副局长，中轻部日用化工局局长兼皮革局局长。其间1956年9月在中共中央党校学习,1957年7月毕业。

1958年，周嘉琳响应支援边疆地区经济建设的号召，从北京调动到广西壮族自治区工作，始任广西工业厅副厅长，而后任广西轻工厅厅长兼党组书记。当时的广西轻工厅管理着全自治区的糖业、盐业、纺织业、轻工、日用、食品等多个行业的工作。周嘉琳为改变广西的轻工业薄弱、落后的状态，做了许多基础性、建设性的工作，他发挥自己的才干和魄力，为发展广西的轻工业作出了重要的贡献。

在工作中，周嘉琳恪守廉洁奉公，正直诚信的原则。

五、“文革”蒙难

1966年“文化大革命”开始，周嘉琳和全国许许多多老干部一样被冲击，被污蔑、被批斗、被“劳改”。家庭子女亦被株连。但当外调人员来调查他过去的老战友和同事时，在自身陷于逆境时，他仍坚持实事求是，保护其他受诬陷迫害的同志。他自己也始终保持着乐观主义精神。

1971年周嘉琳恢复工作，被派放到广西宜山，任广西维尼纶厂筹建处领导小组组长和党的核心小组组长。从住简易工棚开始到建成厂房、宿舍。“四人帮”覆灭以后，任广西经委副主任兼轻工局局长、党组书记。直至1983年离休。

周嘉琳尽力帮助一些在“文革”或其他时期受到不公正对待的老同志及其受株连的子女解决困难。1990年底，周嘉琳离休多年后仍念念不忘对广德县党史办前来调研党史的工作人员讲述已故战友许道珍对革命的重大贡献并辩解许道珍不应背上的黑锅。

1984 年，广西党委发文给周嘉琳彻底平反，恢复名誉。若干年后，周嘉琳享受副省级医疗待遇。

六、离职休养

离休后的周嘉琳一如既往关心党和国家的建设事业，关心群众疾苦。

他高度近视的眼睛后来又出现视网膜病兆，看不清人，更不能读报看电视，他就天天收听广播，了解国际、国内新闻。他特别痛恨以权谋私、贪污受贿的腐败行为。他对弱势群体的生活改善也投以极大的关注。他积极响应号召捐款，并资助困难同志。2005 年初，得知他几十年前一位下属工作人员重病滞留医院门诊部时，当时已 90 高龄的周嘉琳执意要家人用轮椅送他到门诊部看望，并赠送千元，解决住院押金。

周嘉琳晚年年迈体衰，多病住院。在病房里，红军长征老战士、新四军老战士、德高望重的黄老（原广西人大常委会主任黄荣）这样赞扬周嘉琳：“清正廉明，光明正大。”

2007 年 5 月 15 日凌晨，周嘉琳病逝于南宁，享年 92 岁。

周鲁生

许道琦

许道琦（1914—1989），字璞如，誓节渡人，许济之的次子。少年时在家乡上学，青年时期投身革命。18岁在上海参加“社会科学家联盟”“反帝大同盟”“左翼新闻记者联盟”等共产党的外围组织，积极参加爱国民主运动。1933年加入中国共产主义青年团，次年被捕入狱。在狱中两年，始终坚贞不屈。1938年，在延安抗日军政大学学习时加入中国共产党。学习结业后，分配至河南竹沟新四军留守处，任中队指导员。新四军五师成立后，历任五师十三旅政治部主任、五师政治部锄奸部部长兼豫鄂行署公安总局局长、五师政治部保卫部部长等职，为开辟和建立鄂豫边区革命根据地，发展和壮大新四军做出了贡献。

解放战争时期，许道琦先后任中原军区第二纵队政治部保卫部部长、组织部长、陕南军区第三军分区政治部主任兼地委宣传部长，第二野战军十二纵队政治部宣传部长。当国民党发动内战，大举进攻解放区，中原部队处于敌人三十万大军围击的危急关头，许道琦率队侦察北路突破点，使我军大部队得以胜利突围。部队到达陕南后，他又无条件地服从党的决定，从主力部队转到地方，在极其艰难复杂的环境中，参加建立陕南革命根据地斗争，坚持到刘邓大军南下。

中华人民共和国成立后，许道琦历任中共湖北省委宣传部副部长、部长，省委书记处书记兼省委秘书长、省委党校校长、省文联主席、省社会科学联合会副主席。在领导工作岗位上，他卓有成效地开展工作，特别是在他主管的宣传、组织、统战、文教、卫生、血防等方面，倾注了满腔心血，取得了显著成绩。“文化大革命”中，许道琦对“四人帮”的倒行逆施进行了坚决的斗争，在遭到残酷迫害的情况下始终忠于党的事业，坚信党和人民定能战胜邪恶，取得胜利。

党的十一届三中全会后，许道琦先后担任中共湖北省委副书记兼省纪律检查委员会第一书记、省政协第四届委员会主席、省顾问委员会主任，还兼任省社会科学院院长等职。曾当选为湖北省一至五届人大代表，中国共产党第十三次全国代表大会代表。

1989 年 12 月 22 日许道琦在武汉病逝，终年 75 年。著有《野火集》等。

广德县地方志办公室

尚伯康

1937年“七七”事变点燃了抗日烽火。中华儿女，义愤填膺，奔赴抗日疆场。就在抗日战争爆发后的三个月，三位身着长衫、携带简朴行箧的青年来到广德北门车站，秋风萧瑟中与亲友告别，投奔革命圣地延安。他们是广德农职中学英语教师尚金铭（后改名伯康）、数学教师许道珍和在县教育委员会工作的周嘉琳。

伯康生于1909年，原籍安徽怀远，六岁随父迁居广德县城南门。幼年就读于广德第一高小，毕业后，旋即以优异成绩考入广德中学。由于家境贫寒，父亲为第二高小教师，工资菲薄，深为集资上学费用困扰，但又不忍拂其上进之心，不得不节衣缩食，勉力维持其进入中学。1924年初中毕业，父亲失业，加之弟妹相继出世，生活尤为窘迫，无力负担其继续升学，只好被迫中途辍学。1925年经同窗好友廖天赋介绍，在广德小东门七里店附近觅得小学教员之职。伯康求知欲极为旺盛，从未放弃上学理想。故而一面教书，一面抓紧间隙刻苦自学，生活上节俭，将节省下来的工资作继续升学准备。

有志者，事竟成。1926年与同学姜祖蕙去厦门。翌年，返回上海，遇到广德同学温广彝、陈阴章等，在他们的鼓励与帮助下考入暨南大学。在校期间，因反对军阀统治，参与学潮，并以苏筠笔名向左派刊物《东方杂志》（主编胡愈之）投稿，反映农村经济破产，人们受压迫、受剥削，抨击当政时弊，加上蒋介石发动“四·一二”政变，第一次国共合作破裂，伯康因此被迫回到家乡。在家乡，他目睹被打倒的土豪劣绅卷土重来，尔虞我诈，凌辱欺弱。伯康是个言语无忌、秉性耿直的人，因此得罪了新兴权贵，愤然离开广德，又到上海。暨南大学毕业后，1931年受聘到浙江桐庐任小学教师。为了扩大知识面，1933年又到南京，在中央大学旁听，并整日泡在图书馆里读书学习，吸取精神营养。那时，他的生活非常困难，常以大饼、油条充饥，不以为苦，反以为乐。之后返回上海，先后担任惠民中学和时代中学教师。1936年回家过春节，应广德农职中学校长周鹤甫的邀请，辞去上海职务，受聘于该校任英语教师。

在广德任教期间，伯康与一些志同道合的青年，如许道珍、刘文华、周嘉琳等人过从甚密，常相聚一室，纵谈国内外大事，心情十分舒畅。那时我的年纪虽小，我们经常生活在一起。他们常谈到苏联集体农庄的美好情景，王金林、邓国安领导广德农民暴动的成败得失以及广德当政的贪污腐败之风，这些至今记忆犹新。

“七七”事变促成了第二次国共合作。也给决心投身抗日的青年带来图存之路。

一天，许道珍接到二弟许道琦从西安寄来的信。得知延安“抗大”在西安招生。大家精神振奋，欣喜若狂，经商量积极筹备资金去投考。伯康经济条件不好，东挪西借只筹得 50 块银元。许道珍家境宽裕，带的旅费较多，大家凑合着用。

三人结伴到西安，在西安经八路军办事处的介绍，11 月到达革命圣地延安，进入中国人民抗日军事政治大学第三期第三大队学习。

这个大队是从全国来的知识青年，主要学的是马列主义课程，还有军事教育、游击战术教学，主要培养这些青年成为能文能武的干部。伯康来到“抗大”，政治上要求进步，生活上艰苦朴素，学习上刻苦钻研，运用无产阶级世界观和方法论来观察世界、认识世界，不断地改造自己、锻炼自己，政治思想觉悟大大提高。1938 年加入中国共产党。学习结业后，许、周回皖南，伯康志愿服从组织分配，留校工作，随即到马列学院进修，回“抗大”担任政治教员。1941 年担任经济研究员，从事经济理论研究。1942 年至 1945 年在中央高级党校学习，后随郭述申、张闻天同志进入东北解放区，分配到辽北省政府建设厅工作。

在党的多年培育下，伯康政治上逐步成熟，精力格外旺盛。正如他在日记中写道：“我们现在少壮，如出山骄阳，雄伟的革命事业，需要我们去干……”然而，不幸的是因长期积劳成疾，潜伏了不治之症。

1946 年 5 月的一天，他向郭述申同志汇报工作，郭见他脸色焦黄，惊奇地问他是否病了，并劝他休息。经检查患胃溃疡。这是由于从西北转战东北，长途行军跋涉，饥一顿、饱一餐，身体虽有不适，仍坚持工作，使病情日趋恶化。

1947 年 3 月，党组织送他到朝鲜平壤治疗，同年 11 月又转到大连疗养院，经中、苏、日三国名医会诊，确定为胃癌。他 1948 年 10 月 14 日病逝，安葬在大连市大佛山革命公墓，终年 39 岁。

尚金衡

朱传德

朱传德同志，1912 年 10 月出生，安徽广德人，1938 年 3 月在延安参加革命工作，同年 7 月入党，历任新四军教导队军事助教，新四军教导队第二队副队长，新四军司令部参谋处参谋、教育参谋，华中淮安县钦工区区委委员、区委书记、县政府民政科科长、县政府秘书、县总队队副，苏北盐阜三支队副参谋长，苏北盐阜总队政治处主任，华野十二纵队卫生部政治处主任，三野十二纵队后勤部政治处主任，三野三十军山炮团政治处主任，华东空军航空处机械大队政治处主任、华东空军航空学员预总组织部组织科科长、华东军区空军政治部秘书处副处长，中朝联合空军政治部秘书处副处长、直工部副部长、文化部副部长、华东军区空军政治部文化部副部长，军委空军司令部翻译出版处副处长、军委空军司令部军事科研部翻译处副处长。中国科学院自动化研究所310 室政治副主任、所人事处处长、副所长、书记，七机部五院五〇二所副所长、党委副书记，七机部五院五〇二所纪委筹备组副组长、院纪委专职副书记。

朱传德同志中学时期开始萌生革命思想，在九一八事变和上海一二八事变期间，积极参加抗日宣传和检查仇货运动。1938 年 3 月带着高度的革命热情，走进了延安抗大，从此开始了他的革命生涯。在抗大期间，他接受了马列主义毛泽东思想的教育，他勤奋学习，积极进取，在学习期间光荣地加入了中国共产党。抗大毕业之后，又在华中党校学习，对马列主义、政治经济学、中国革命和党的建设等问题有了较为系统的了解，这对他以后的军队工作和地方工作都奠定了一定的思想基础和理论基础。在战争年代，他经受了战争的洗礼。在淮安解放，他完成了繁重的后勤任务和组织救灾工作。他领导武装队员深入敌后打游击，进行袭击、伏击战斗数十次，表现了坚决顽强的战斗精神。在此期间，他多次调动工作，都坚决服从组织分配并出色完成了任务，表现了一个共产党员的高尚情操。在后勤和山炮团工作期间，他坚持思想政治工作，经常深入到基层单位检查和帮助工作，在大练兵阶段和渡江战役、上海战役中，保证了各项工作和战斗任务的完成，为中国人民的革命事业和解放事业做出了贡献。

新中国成立以后，在1955年他被授予中国人民革命战争三级独立自由勋章和三级解放勋章，在抗美援朝中荣获朝鲜民主主义人民共和国二级国旗勋章。六十年代以来，他先后在科学院自动化所和七机部五院五〇二所工作，在此期间，他能正确贯彻党的知识分子政策，对科技人员耐心帮助、严格要求、关心爱护、共事融洽。他工作深入细致，对自己要求严格，为科技人员做出了表率，圆满地成了各项工作任务，为我国高科技的发展做出了贡献。

朱传德同志1979年10月到我院机关工作，在此期间，他负责筹备并组建了五〇二院第一届纪律检查委员会，并任专职纪委副书记。他为人正派、一身正气、两袖清风、敢于坚持原则，为政清廉、克己奉公、率先垂范，是我党的优秀党员。他为我院纪检工作开创了良好局面，是我院第一任纪委负责人。1983年离休后，他仍然时刻关心我院的纪检工作，为之献计献策。他积极参加离休干部支部组织的各项活动。他拥护党在新时期的路线、方针、政策，拥护改革开放。

朱传德同志热爱党、热爱祖国、热爱航天事业，把毕生精力献给了革命事业，献给了高科技领域，献给了航天事业。我们要向朱传德同志学习，为我国航天事业奋力拼搏，再创辉煌。

七机部五院五〇二所

张思齐

张思齐，安徽广德人，1917 年 3 月出生在广德誓节渡的一个教师家庭。由于家境贫寒，他在广德县立第二高等小学毕业后即到誓节渡的“小元康”商店当学徒谋生。1930 年，共产党员王金林领导农民举行暴动，年仅十多岁的张思齐积极投身于打土豪、分田地的革命洪流，常常在夜间和同伴一道，往返二十多里到花鼓塘参加红军召开的会议。虽然这次暴动由于国民党军队的残酷镇压而失败，但张思齐却在斗争中受到一次深刻的革命熏陶。

1937 年 7 月 7 日，日本帝国主义悍然制造了卢沟桥事变，不久，又进攻上海。广德多次遭到日军飞机的空袭。11 月底，日军第一次侵占广德。侵略者到处杀人放火，奸淫掳掠，广德县城和誓节渡成了一片废墟。日军的暴行激起了张思齐对侵略者的无比仇恨。1938 年 1 月，他抱着“天下兴亡，匹夫有责”的意愿，和许道琛（彭海涛）、胡代元（胡惠民）一起，到设在宁国河沥溪的国民党宣郎广宁地区游击司令部受训，学习游击战争。训练结束后，张思齐被分配到由土匪改编的广德县抗日自卫队第五中队任指导员。他极力向部队灌输抗日救国思想，唤醒大家共抵外侮。但由于改编的土匪武装本性难移，收效甚微，他愤然离开部队回到家里。

1938 年 5 月初，共产党员许道珍、周嘉琳在延安抗大学习毕业后，受中共皖南特委的派遣回到广德，开展统一战线和抗日动员工作。许、周都是誓节渡人，许道珍还是张思齐的老师。他高兴地找到他们，诉说了自己这一段不愉快的经历和忧虑、苦闷的心情。许、周两人肯定了他的爱国热情，向他介绍了党的抗日民族统一战线政策和抗战形势，鼓励他和他们一道工作。同月，由许道珍、周嘉琳介绍，张思齐光荣地加入中国共产党。不久，由许道珍任副团长的广德县民众总动员委员会青年工作团成立，张思齐和许道琛、胡代元等参加了青工团工作。他们不辞劳苦，满腔热情地深入农村演戏、贴标语、唱抗日歌曲，广泛开展抗日宣传活动，激发群众的爱国热情，深受各界人士的欢迎，他自己也在活动中受到教育和锻炼。

广德青工团的抗日宣传活动声势大、影响深，引起国民党顽固派的恐惧和不安。1938年8月，国民党第三战区派出以金汉鼎为团长的军风纪视察团来广德，以视察为名进行反共活动。许道珍、周嘉琳被排挤出动委会和青工团。张思齐也于次年春被迫离开青工团来到苏村，和许道珍一道从事秘密活动。

为了培养革命青年，更好地领导和坚持抗日斗争。1939年3月，中共广德县工委派张思齐等人去东南局（驻泾县云岭）党训班学习，学习结束后，他随同谭启龙到宣城狸头桥工作。同年7月，中共苏皖特委成立，书记谭启龙，张思齐任特委秘书。12月，中共苏皖区党委成立，苏皖特委撤销。1940年3月，区党委决定在国统区的广德、郎溪建立中共广郎中心县委，张思齐受命回广德任中心县委书记。他根据上级指示，在广德苏村、誓节、花鼓和郎溪涛城、长乐等地大力发展党员，扩大党的组织，相继建立苏村、杭村、誓节、花鼓和涛城、长乐、罗卜园7个区委，共有党员200余人。他还以组织“兄弟会”“姐妹会”等灰色组织作掩护，开展地下活动，搜集情报，发动妇女做军鞋支援新四军。

1941年1月，震惊中外的皖南事变发生后，国民党顽固派公开反共。广郎中心县委与上级失去联系，加之中心县委妇女部长徐竹芳叛变，苏村、誓节等地的党组织遭到破坏，处境十分困难。张思齐沉着应变，率广郎中心县委由苏村转移到郎溪涛城上阳村和安庆滩，以开磨坊和熬硝作掩护继续进行秘密斗争。

1941年4月，张思齐从周嘉琳由宜兴和桥给家里的来信中得知苏皖区党委地址，又通过打入国民党郎溪县梅渚货税处的地下党员石云阶，搞到国民党第三战区的介绍信、良民证，和阮维良两人历经艰险，经梅渚到达溧阳。由于长途跋涉，劳累过度，张思齐病倒在周城一个大祠堂里。津南县委书记徐玉彰用担架抬着他通过国民党封锁线，终于抵达和桥，见到了苏皖区党委书记邓仲铭和新四军第六师师长兼政委谭震林。张思齐汇报了郎广地区的斗争情况和目前处境。谭、邓要他根据“隐蔽巩固，保存力量，等待时机”的方针开展工作，并指出迅速建立一支地方武装、惩处叛徒，保护党组织活动。领导的指示，使他明确了斗争方向。由张思齐推荐经苏皖区党委同意，派太滆中心县委宣传部长许道珍和他同返广德，着手组建地方武装。回广后，张思齐即派许道普（陈远）、伍家卫到梅渚货税处取回地下党组织提供的1支短枪、2支长枪，在誓节渡成立了由许道珍负责的郎广游击队。随后，苏皖区党委又派老红军龚铁（原名谢振国）来广德，加强对这支地方武装的领导。

1941 年 6 月，郎溪县委委员孙瑾公开叛变投敌。郎溪境内除长乐区党组织因单线联系幸存外，其余全遭破坏。国民党连续派遣特务侦探广郎中心县委机关驻地，到处搜捕“熬硝人”。张思齐当机立断，于 6 月 18 日（农历五月二十四日）连夜率中心县委翻山越岭，转移到广德吴家冲山区。就在这天夜晚，国民党杜山乡乡长带领行动队包围了安庆滩广郎中心县委驻地，共产党员李邦达被捕牺牲，中心县委因及时转移而脱离险境。尽管当时环境恶劣，张思齐克服重重困难，想方设法，依靠秘密交通站，通过国民党的层层封锁线，分批护送从皖南事变中突围出来的江渭清等 24 名新四军干部、战士安全到达苏南抗日根据地。

为了巩固组织，保存力量，坚持斗争，张思齐根据上级党组织的指示，整顿组织，清洗不纯分子，大支部划小支部，实行单线联系，惩处叛徒、特务，袭击国民党乡公所，使广郎地区的党组织得到巩固和发展，活动范围逐步扩大到广郎交界的高淳、溧阳、宜兴等边缘地区。1941 年 5 月 15 日，苏皖区党委决定将广郎中心县委与宜兴、溧阳、高淳之一部分国统区的党组织合并为中共苏皖特委，张思齐任书记，对广郎地区与苏皖边区有关县的党组织实行统一领导，开展对敌斗争。10 月，苏皖区党委决定苏皖特委与路西北特委合并为路西北特委（亦称苏皖特委），欧阳惠琳任书记，张思齐任特委委员，继续负责广德、郎溪和高淳、溧阳等地的工作。1942 年 5 月，路西北特委撤销，又恢复广郎中心县委，张思齐仍任书记。

1943 年上半年，国民党第三战区派叛徒、特务徐世良来广德任调查专员，徐勾结地方反动势力和叛徒，大肆逮捕共产党员。广德特别是苏村等地党组织再次遭到严重破坏。郎溪县党组织也受到较大损失。两县的党员只剩下 89 人。面对国民党顽固派的猖狂进攻，张思齐毫不畏惧，继续以单线联系形式，领导广、郎、溧（阳）、高（淳）国统区的革命斗争。

1943 年 10 月初，日军调集大批兵力向苏浙皖边区大举进攻。广德、郎溪、宣城、溧阳三天内沦入敌手。敌军控制了宣长公路要道，广郎地区党组织不断遭到日伪顽的夹击，再次中断了与上级的联系。张思齐一面领导党组织坚持斗争，一面派孙德胜、李轩（高明山）化装成商人，机智地避开敌人、土匪的搜查到达芝山，向苏皖区党委、新四军十六旅负责人江渭清、王必成汇报敌军占领广郎等地的情况。领导指示地方游击队要立即下山，半公开行动，搜集敌情，配合即将南进的新四军。11 月，新四军十六旅旅长王必成率部尾随敌军，挺进广德、郎溪北部，开辟广郎抗日根据地。张思齐带领广郎中心县委和郎广游击队，到广德北乡与新四军会合，广德、郎溪分别建立县委、县抗日民主政府，郎广游击队扩编为郎广游击大队。1944 年 1 月，张思齐参加苏皖区党委在广德上保村等地召开的扩大会议。这次会议确定了战斗、生产、整风为 1944 年三大任务和巩固老区、建设新区、开辟边区，积极向南发展为工作重点。会后决定将全区划为四个地委、行政区。张思齐任郎广地委（即四地委）组织部长，分管郎溪、广德、溧南、长兴 4 个县。3 月，郎溪县委书记周嘉琳调华东局党校学习，张思齐兼任郎溪县委书记。为了现固和发展建立不久的敌后抗日根据地，他率领郎溪人民和地方武装打击敌人，抗击顽军，消灭土匪，积极开展统战、“双减”、“三抗”、支前、扩军等工作，使郎溪县党组织、抗日民主政权日益巩固发展，先后建立 4 个区委、6 个区和 1 个镇抗日民主政府。根据地约 10 万人，占当时全县总人口的 77%。1944 年底党员由 57 人发展到 268 人。地方武装不断壮大，1945 年已扩大到 800 余人，成立了郎溪县独立团，张思齐兼任政委，下设 6 个连、1 个教导队。

1945 年 8 月，日本政府宣布无条件投降。抗日战争取得了全面胜利。9 月下旬，张思齐率领郎溪县党政机关人员和地方武装随新四军苏浙军区部队北撤，后奉命留守郎广地区，并于 10 月初到达宜兴张渚，参加苏浙区党委召开的留守工作会议。会议根据华中分局的指示，宣布成立苏浙皖边区特委，下设茅山、太滆、郎广、浙西 4 个工委。张思齐任郎广工委书记，许道珍任副书记，下辖广德、郎溪、宣城、长兴 4 个县。10 月 10 日，张思齐等率领工委警卫连返回郎广地区，投入了新的更加艰苦的战斗。

新四军主力部队北撤后，卷土重来的国民党十分嚣张。国民党一四四师、一四五师、一四六师和地方武装、大刀会等反动势力，猖狂地围剿留守人员，杀害农会干部。长兴、宣城两县武工队都被打垮。在广北坚持的广德武工队由 26 人减少到 13 人。工委警卫连也不稳定，逃走现象时有发生。11 月，经不起恶劣环境考验的工委警卫连连长傅家齐和郎溪武工队师尚荣胁迫战士十余人到誓节渡叛变投敌，工委元气大伤。在此生死存亡的严峻时刻，张思齐坚定地和工委的其他同志团结在一起，克服困难，坚持斗争。为了缩小目标，以利坚持，他和许道珍研究后果断地决定，疏散一部分人员，回家打埋伏，等形势好转后再回来。结果，工委只剩下张思齐、许道珍等8人，郎溪武工队只剩下丁浩等5人，两处合在一起共13人，每人只有一支短枪，仅能进行自卫了。张思齐和许道珍一起领导这支小型武装，在广南山区风餐露宿，与敌周旋，经受了国民党新七师对郎广地区的第二次清剿，终于把这批革命骨干保存下来。

1946年6月，国民党反动派撕毁政协决议和停战协定，发动全面内战。新七师调离广德，不久在苏北被全歼。消息传来，人心大振。原在游击队工作、回家打埋伏后被迫在国民党誓节乡中队当兵的何增太、王春发等人串连了十余名战士，于7月下旬发动兵变，击毙中队副，携带机枪2挺、短枪5支、步枪16支、子弹2000余发，投奔郎广工委，大大地增强了工委的武装力量。

全面内战爆发后，国民党的大部分兵力都调往东北、华北和华东解放区的周围以及大城市和铁路线上，江南广大区域非常空虚。张思齐根据华中分局《七一指示》中提出的发动群众，壮大人民武装力量，积极开展群众性的游击战争的方针，成立了30多人的工委直属队，积极向外围地区活动，扩大党的影响，并先后派彭海涛和史纪昌率武工组分别以鸦山和五龙山为依托，向宣东和广南发展，又建立了两个连的武装，开辟了宣东和广南两块游击根据地。到1947年6月，相继建立了郎溪、宣宁和广南3个县级政权。郎广地区的游击战争进入一个新的发展阶段。

为了加强苏浙皖边区斗争的领导，1946年12月华中分局决定撤销边区特委，成立由林岳（钱敏）任书记的苏浙皖边区工委，郎广工委改称郎广分工委。1947年7月，新组建的苏浙皖边工委由宣北移到广南。边工委武装与郎广分工委武装会合组成边区大队，分工委武装连改编为边区大队一连。根据华东局和皖南地委向浙西天目山发展的指示，边工委积极组织力量南进。彭海涛率一连开辟了广宁孝地区。10月，边工委决定撤销郎广分工委成立郎溪、广南、广宁孝3个直属县工委，张思齐调任边工委常委兼组织部长。

郎广地区武装斗争的蓬勃发展，刺激了敌人。从1947年12月起，国民党反动派抽调首都卫戍团和六十三师各一个营，并纠集各县地方武装，对郎广游击根据地进行了长达两个多月的大清剿。12月下旬，苏浙皖边工委及其武装在广德大吴村遭到敌六十三师等部一千余人的包围袭击。突围后，张思齐和彭海涛率一连转移到宁国地村，再次受到敌人的重兵包围，损失严重。张思齐历经艰险，冲出了敌人的包围圈。

敌人的清剿结束后，边工委提出了巩固老区、建设新区的任务，及时整顿组织，收容突围人员，加强基层工作，开展锄奸斗争，落实党的新区政策，游击根据地很快稳定下来。随着形势的好转，边工委抓紧时机，加强武装力量的建设，在原边区大队的基础上成立了边区支队，并继续南进，确定由张思齐率武工队深入宁国东南地区开辟新区。1948年6月11日，张思齐率领10余名干部从广德香居村出发到达宁国的石口、桥头一带。经短暂休整、补充后，他率领由18人组成的武工队深入到宁东南洪家塔活动，担负开辟天西地区的任务。8月，边工委书记钱敏、副书记孙章录率边区支队两个连和天西武工队到达宁（国）昌（化）边境的虹龙、岛石坞地区，与泾旌宁宣游击队会师，成立天西临时军政委员会，钱敏任书记，孙章录、张思齐、王文石为委员。从此，苏浙皖边区与皖南两大块游击根据地连成一片。不久，皖南地委决定将宁东地区划归苏浙皖边工委领导。同月，天西分工委和宁昌办事处成立，张思齐任书记兼主任。为建设和巩固这块新开辟的游击根据地，张思齐派武工队分散到宁墩、狮桥，虹龙、昌北等地活动，发展党员，建立农会、民兵等群众组织，发动群众开展“三抗”（抗粮、抗丁、抗捐）和“双减”（减租、减息）斗争，开展征粮工作，游击根据地日益巩固，到1948年底，先后建立了狮桥、宁墩、甲路、昌北4个区委。12月22日，天西武工队配合边区支队一举攻克国民党万家桥据点，摧毁碉堡5座，俘敌60余人，缴枪70余支，震撼了整个天西地区。张思齐抓紧有利时机加强了对敌人的策反工作，促成国民党昌化县长裘正率部200余人于1949年4月起义。

天西地区的开辟，实现了华东局和皖南地委提出的南进目标，扩大了苏浙皖游击根据地，张思齐为此作出了重要的贡献。

1949年4月下旬，人民解放军渡江后，张思齐和边工委其他领导同志一起率边区支队下山，解放宁墩。张思齐奉命和宣宁工委书记张帆接管宁国县。5月中旬，中共宁国县委和县人民政府成立，张思齐任县委委员。不久，调宣城地委工作，先后任地委宣传部长和组织部长。此后历任芜湖地委副书记，北京人民医院副院长、党总支书记，北京医学院副院长、党委副书记，中国科学院电工研究所党委书记等职。十年动乱中，张思齐受到迫害，但他始终坚信党的领导，旗帜鲜明地同极“左”路线作坚决的斗争。粉碎“四人帮”以后，他精神振奋，坚决拥护党的十一届三中全会以来的路线、方针、政策。尽管年老体弱，仍孜孜不倦地学习，勤奋工作，显示了一个老共产党员的高贵品质。

1989 年 1 月 11 日，张思齐因病医治无效在北京逝世，终年 72 岁。张思齐出生在广德，又长期在广德坚持革命斗争，他对家乡的人民和家乡的山山水水怀有深厚的感情。病重期间，他多次对亲属说：“我一生中最大的遗憾，就是来京后没能回去一趟。”临终时还穿着家乡人民做的老式布鞋。同样，广德人民也无比怀念他，尊敬他。他的名字将永远留在故乡人民的心中。

谢国俊

彭海涛

彭海涛原名许道琛，许济之的三子，生于1917年9月。1932年广德县师资养成所毕业，在誓节渡小学任教四年。革命先烈王金林领导的广德暴动，在当地播下了革命的种子，他从小就向往革命，参加过反对国民党反动统治的秘密斗争。1934年11月，年仅17岁的彭海涛到杭州和二哥许道琦一起自学，因共产党嫌疑案受牵连，关押近半年。1935年，国民党高等法院宣判无罪释放。

抗战爆发后，彭海涛和一些爱国青年一起，在誓节渡发起组织抗日救国会，开展抗日宣传活动。1937年11月，日军向广德侵犯，日本空军对广德城乡狂轰滥炸，誓节渡成了一片焦土，他家的房屋及财物被焚一空。他满怀国仇家恨，毅然投笔从戎，参加国民党宣郎广宁游击司令部政工人员训练班受训，训练结束后，被留在司令部任政治指导员，负责与各地学员的联系，曾随军到达宣城、郎溪、溧阳等地抗日前线。但是，国民党部队的腐败作风使他非常失望，他的进步言行也受到一些人的猜忌。他只干了几个月，就愤而离开了这支部队。

1938年5月，彭海涛的大哥许道珍和同学周嘉琳在延安抗大毕业后，由中共皖南特委派回广德开辟工作。这时，他正闲居在家，为报国无门而深感苦恼。他们向他介绍了在抗大学习的经过和此行的任务，使彭海涛受到很大鼓舞，并由许、周二人介绍，加入中国共产党。不久，他参加了许道珍任副团长的广德县民众总动员委员会青年工作团，从事抗日救亡活动。1938年冬，党组织派他打入一支由土匪改编的国民党地方武装，任政治指导员，要求逐步改造其内部成分，以便直接掌握这支武装。但不久就被国民党排挤出来。为了在国民党政府中占据一个合法位置，掩护党的秘密工作，党组织又先后派他到安徽省地方行政人员训练班学习谍报，出任国民党苏村乡副乡长。在此期间，广德党的组织有了很大发展，彭海涛先后担任中共广德县工委委员、广郎县工委书记和广郎中心县委宣传部长。1940年4月，鉴于当时形势日益紧张，他在当地容易暴露，苏皖特委决定让他离开广德，到苏南抗日根据地工作。由于交通断绝，他化名许崇明打入郎溪县战区进出货物检查处（设郎溪梅渚），任党组织负责人。不久，特委又派他去苏南敌后工作，途经南湖边井头村新四军四兵站时，受到国民党四十师和大刀会的包围。彭海涛突围到金宝圩，奉命留在这里任宣当芜中心县委宣传部长。9 月，国民党顽固派袭击宣当芜抗日武装，制造了“金宝圩事件”。他脱险后转移到泾县云岭新四军军部。

1940 年 12 月，皖南特委派彭海涛到孙家埠任宣城县委书记。当时，正值皖南事变前夕，国民党积极进行反共活动，大肆搜捕和暗杀共产党员。事变发生后，宣城形势更加紧张，许多共产党员被迫转移。他住在群众家里，以务农为掩护进行秘密活动。彭海涛从斗争中深深体会到，没有武装是无法领导人民开展抗日反顽斗争的。他和县委的其他同志一起组织党员和干部千方百计地筹集武器，于 1942 年夏建立了宣城县委领导的第一支游击队。1943 年 10 月，日军六十一师团从芜湖、湾址向宣城进犯。国民党五十二师一五六团不战而逃，宣城再次沦陷。为了加强党的领导，开展敌后抗日游击战争，中共皖南地委组织部长陈洪调任宣城县委书记，彭海涛任副书记。这时，游击队已发展到 30 余人，扩编为皖南支队宣城游击大队，彭海涛任副政委。游击大队紧密依靠群众，打击下乡骚扰的日伪军，宣传党的抗日主张，揭露国民党顽固派的反共阴谋，活动范围日益扩大，开辟了宣城敌后抗日根据地。1944 年 9 月，在洪北乡新龙巷召开的宣城县人民代表大会上，彭海涛当选为宣城县行政办事处主任。11 月，他带两个班的武装前往无为白蔚洲向皖南地委汇报工作，在南陵突然遭到伪第一方面军一个营的袭击，彭海涛率部边打边撤，泗水过河时，因水草缠身，不幸被捕。由于他们没有暴露身份，伪军把他们当作新兵关押约一个月。他趁看守人员不备，组织同志们用竹筷挖洞逃出敌人的魔掌，并在铜陵县委的帮助下，渡江到达皖南地委。随后，又到皖江区党委参加整风学习，学习结束后仍回宣城工作。

1945 年 9 月底，宣城县委及其武装奉命随苏浙军区部队北撤。苏浙区党委根据中央指示，决定留下部分精干人员在原地坚持斗争，彭海涛被任命为郎广工委委员兼宣城县特派员。他和工委委员向阳率领一支 30 人的武工队由宜兴张渚返回宣城，沿途散发《江南新四军北移告别民众书》，收容与联系未撤退人员，并摧毁了鸡头岭的国民党碉堡。这时，国民党的正规部队已推进到宣郎广地区，对我留守部队进行疯狂的清剿。武工队在鸦山被国民党一四五师包围，彭海涛率部分人员突围到毕桥。11月上旬，经洪林桥、孙家埠转移到桂峰乡的王村。由于两面派保长王传新告密，彭海涛被国民党地方武装逮捕，关押在孙家埠镇上的桂峰乡公所。敌人逼他交出埋藏的枪支，又派当地士绅崔某前来劝降，彭海涛断然予以拒绝。敌人气急败坏，把他吊起来严刑拷打。彭海涛坚贞不屈，不断怒骂敌人。

第二天，彭海涛被押往水东一四五师师部。敌人凶残地将他的双臂拉直绑在扁担上在孙家埠游街。彭海涛昂首挺胸，无所畏惧地高呼“共产党万岁！”“毛主席万岁！”痛斥国民党顽固派的反共罪行。在场的群众无不暗暗表示钦佩。在一四五师师部，敌副师长假惺惺地表示，要同他进行谈判，实行国共合作，并要他写信召集游击队人员前来参加谈判，就可以释放他。彭海涛坚定地说：“信，我是不会写的，既然要谈判就应立即把我释放。”敌人无计可施，只得把他和另外几个被俘人员一起押往河沥溪附近的敌第二十一军军部。又由敌军部转送到绩溪第二十三集团军总部，并被钉上十来斤重的脚镣。在敌军部和集团军总部，敌人又多次审讯他，对他进行威胁利诱。彭海涛一如既往，不为所动，并驳斥了敌人对新四军的污蔑。三天后，彭海涛和其他60名被捕的同志一起被押往杭州。途中，他曾和方全胜等人秘密商议，利用山区的有利地形组织暴动。不料，到了歙县，敌人改走水路，计划无法实施。

在杭州，彭海涛被关押在老东岳庙国民党第三战区长官司令部补充训练大队第三中队第三区队。补充训练大队即杭州集中营，它的任务是用攻心战术毒害革命青年，不像上饶集中营那样用残酷的刑讯迫害革命者，而是采用欺骗、威胁、利诱等办法使其屈服投降，叛变革命。在这特殊的斗争场所，彭海涛始终保持着清醒的头脑和旺盛的斗志。他对同志们说：“我们决不能放弃斗争，做敌人驯服的牛马，更不能向敌人投降，出卖自己的政治生命。”敌特对他监视甚严，常常把他叫去谈话，对他污辱、漫骂，从精神上折磨他，又别有用心地表示，要优待他，为他安排好的伙食，住好的房间，妄图引诱他自首变节。彭海涛同敌人已有过多次较量，他们的卑劣伎俩岂能骗得了他，他斩钉截铁地说：“我是共产党员，拥护共产党。随便怎样都可以，自首办不到。”敌人对他束手无策，称之为“顽固分子”。他一到集中营，就注意观察周围的警戒情况，秘密活动了方全胜等人，准备趁阳历年敌人戒备疏忽之际，发动同志们夺取哨兵的枪支，冲出监狱。不料，行动前一天，他们突然被转移到武林门第二中队第八区队关押，计划流产。彭海涛在这里认识了新四军浙东游击纵队的连指导员方策。他们通过交谈，互相搞清了对方的身份后，即谈起了越狱的问题。他们对敌情进行了认真的分析，决定分头把宣城和浙东的人员发动起来，组织集体越狱。过了一两天，方策突然告诉他，浙东有人不愿参加，此事可能会泄露，如果那样，后果将不堪设想。他们当机立断，决定于当天晚上提前行动，趁晚饭后监狱铁门未关，冲出铁门，夺取敌人的武器，组织越狱暴动。晚饭后，当同志们按计划向院里集中时，敌人突然加强了戒备，过早地关闭了铁门，枪口对准他们，命令每个人都回到自己的床铺上去。方策随即被押去审问，彭海涛也被关禁闭。后来得知，原来是叛徒史善根出卖了方策，向敌人告了密。敌人怀疑彭海涛是这次事件的组织者，但没有抓到把柄，就审问方策："彭海涛是否参与了这件事？"方策一口咬定："我同他不认识。"敌人又提审彭海涛，诈他是这次事件的主谋。他矢口否认。由于方策的掩护和彭海涛的沉着应付，他参与组织暴动的问题才没有暴露。为了麻痹敌人，把此事糊过去，彭海涛利用和方策同囚一室的机会，编好了口供，说不是要夺枪打出去，而是正值年关，想偷回家过年。所谓"夺枪越狱"是史善根为了讨好、请功胡编出来的。在禁闭了八九天之后，敌人将彭海涛和方策转移到老东岳庙敌大队部监禁。审讯时，他们按照事先编好的口供重复一遍。数天后，又被转移到第三中队第三区队关押。敌人虽然不再追问此事，但对他们的监视更加严厉。

1945 年 1 月，有各党派参加的政治协商会议在重庆召开，国共两党达成停止国内军事冲突的协定，同时下达了停战令。全国民主运动高涨。这时，彭海涛被难友们推选为伙食委员会委员。他利用管伙食的机会，与方策一道暗中串连了一些党员，建立了党的秘密支部，抓住有利时机，组织同志们进行反迫害斗争，要求集中营按照蒋介石在政协会议上宣布的四项诺言中关于释放政治犯的承诺立即释放他们。一次，区队召集难友开会，征求对管理工作的意见。彭海涛发动大家大胆发言，揭露集中营的特务统治。同志们质问敌人："我们打鬼子有什么罪？犯了什么法？"敌人吓得不敢让他们继续讲下去，草草结束了会议。隔天，敌人又要他们开小组会，讨论所谓新生活运动。同志们气愤地说："我们是在刺刀下过日子，还谈什么新生活？""关着我们就是死生活，释放我们就是新生活，你们敢实行新生活吗？”又一次把敌人搞得狼狈不堪。接着，大家又推举彭海涛等五人为代表，找敌中队指导员询问何日释放政治犯。指导员支吾其词，避免作肯定的答复，却要他们不要宣传鼓动别人，还说要把他们文化水平高的人编入干部队受训。至此，彭海涛认识到蒋介石的所谓四项诺言不过是空头支票，国民党是不会发善心释放他们的。鉴于两次集体越狱失败，要再次发动，时机还不成熟，而目前敌人又施展阴谋，要把他们调入干部队，已经没有时间做深入细致的准备工作了。他和方策经过认真的分析研究，决定另辟途径、单独越狱，逃出一个是一个，并暗示同志们，我们的命运要靠自己来决定。一天，同室难友许玉林发现监狱楼上一个房间的铁锁可以开动，窗外屋檐和围墙相连，翻墙逃出非常方便。他利用量米的机会前去察看，果然如此。他觉得这是一个难得的机会，立即和方策着手越狱的准备。许玉林以打草鞋为由，撕破内衣编结翻墙用的绳子。彭海涛又将此事告诉了腿部伤残不能参加越狱的党员史东帆，并交代他，他们越狱后，党组织由他负责领导。2 月 14 日黄昏，集中营点名之后，乘敌人不备，许玉林和蒋清水、彭海涛和方策先后上楼打开窗户，登上屋檐，手拉绳索翻墙而出，顺利地逃出了虎口。他们四人跑了一整夜，到了余杭境内才分手。途中曾遇到一个农民，他们诉说是被抓来的壮丁，开小差回家的。农民很是同情他们，拿出旧衣旧鞋给他们换上，还给了一些钱。方策的大哥方书林住在湖州南浔，开了一爿杂货店。方策和彭海涛决定前去投奔他。他们经瓶窑、三里桥到了湖州，再乘小船到达南浔方书林家。他们原来计划一道去皖南寻找党组织，但方策到南浔后就生病，无法成行。彭海涛只好独自前往。好心的方书林拿出一件长衫给他穿上，还资助他一万块钱做盘缠。他化装成商人模样，告别方氏兄弟，经过湖州、长兴，直奔郎溪山下铺，找到同窗好友徐仲甫。第二天，徐护送他到誓节渡，当天赶到秀里村，与郎广工委取得联系。几个月的铁窗生活使彭海涛的身体受到严重摧残。当天晚上，他突患脑膜炎，病情十分严重。幸亏抢救及时，才脱离险境。经过两三个月的治疗休息，他逐渐恢复健康。病一好，即信心百倍地同许道珍、张思齐等一起投入新的战斗。

1946 年 9 月，苏浙皖边区司令员熊兆仁去皖南途中到达广德。为了打通苏皖之间的联系、郎广工委派彭海涛率武工组赴宣东寻找皖南游击队。几经周折，终于通过在泾宁宣坚持斗争的吕辉与皖南地委书记胡明取得联系。随后，他带引熊兆仁率领的武装到达泾县樵山和胡明见面，苏南和皖南两支部队胜利会师。彭海涛趁此机会向皖南地委汇报了在宣城被捕和越狱的经过。1947年四五月间，华东局批准恢复他的党籍，任郎广分工委委员，后来又担任苏浙皖边工委委员。

1946年底，彭海涛主动请战，率武工组以郎溪鸦山为依托，开辟和恢复宣城游击根据地。他在宣东找到了原宣城武工队的一些失散人员，收编了方全胜等人组织的一支小型游击队，武装力量迅速发展。1947年6月，成立郎广分工委武装连。彭海涛指挥部队对国民党地方武装进行了多次有效的出击，又派武工组进入宁国境内活动，开辟了宣宁地区。这时，整个郎广地区的游击战争迅猛发展。相继成立了郎溪、广南和宣宁三个县级政权，彭海涛被任命为宣宁县县长。同年夏，苏浙皖边工委的指挥中心移到广南，郎广分工委武装连与边工委武装会合，组成边区大队，彭海涛任大队长。为了实现南进的战略目标，边工委派彭海涛率部开辟以白马庙为中心的广宁孝地区。10月，广宁孝县成立，彭海涛任县工委书记兼县长。

郎广地区游击战争的蓬勃发展刺激了敌人。国民党派江防部队六十三师配合地方武装对郎广游击根据地发动长达三个月的大清剿。12月24日，彭海涛率领的边区大队一连在宁国地村遭到优势敌人的包围，部队受到重大损失。他突围后及时集中失散人员，加强基层工作，打击反动势力，发动群众开展“三抗”（抗丁、抗粮、抗捐）和“双减”（减租、减息）斗争，遭受极大摧残的广宁孝游击根据地逐步得到恢复和发展，成为苏浙皖边工委向天西发展的一块重要基地。

1948年12月，苏浙皖边工委决定撤销郎溪、广宁孝两个直属县工委，成立路南分工委，彭海涛任分工委副书记。1949年4月下旬、大军渡江后，彭海涛奉命接管宣城。他率部从白马庙出发，一路搜剿，武装扩大到一个营。月底，他又奉命到浙江湖州参加接管工作，任长兴县委副书记兼县长。新中国成立后，历任崇德县委书记兼县长、长兴县委书记、省委宣传部办公室主任、省人委宗教事务处处长、衢州化工厂电化分厂厂长、省化工研究所党委副书记兼副所长等职。“文化大革命”中，彭海涛受到残酷的迫害。他不畏强暴，与极“左”路线进行了坚决的抵制和斗争。粉碎“四人帮”、特别是党的十一届三中全会以后，他精神焕发，迫切要求工作，终因长期患病，体力不支，未能如愿。

1987年5月18日，彭海涛因病在杭州逝世，终年70岁。

故乡人民无限尊敬和怀念彭海涛。他忠于党忠于人民的崇高品德和英勇无畏、坚持斗争的革命精神，将永远鼓舞人们在建设社会主义伟大事业中奋勇前进。

倪宗瓘

郑大方

在景色秀丽的广德县新杭镇横岗村，山区公路一侧的竹林中，一座革命烈士墓特别引人注目，高高的墓碑上镌刻着一个英雄的名字和一段光辉的历史。每逢清明，当地的干部群众、共青团员和少先队员纷纷来到这里，缅怀先烈，寄托哀思。这位受人尊敬的英雄就是抗日战争时期为国捐躯的新四军十六旅四十八团三营教导员郑大方烈士。

郑大方，原籍广东中山县，1921 年 3 月 21 日出生在上海。他兄弟姐妹 7 人，他是长兄。父亲郑家栋抗战前在大新公司任会计，因和老板闹翻而失业。日军占领上海后，为了维持一家的生计，不得不离沪去内地谋生。母亲曾英含辛茹苦，挑起养育子女的重担，并支持 7 个子女先后参加了革命。

郑大方的学生时代正是帝国主义扩大对中国侵略的时候。东北沦陷后，他在街头听过爱国志士的讲演，又亲身经历了“一二八”和“八一三”两次事变，目睹了日本侵略者给中国人民带来的灾难，对侵略者怀有刻骨的仇恨。他家住在闸北的四川北路川公路，是日本人的势力范围，行人路过日本宪兵司令部门口，要向岗哨打躬行礼，接受检查。这种半亡国奴的生活刺伤了他的民族自尊心，他不能忍受这种屈辱，上学时总是绕道而行。

郑大方先后在广肇中学和粤东中学读完小学和中学，李维岳和陈作梅两位进步老师给了他很大影响。陈作梅是位左派诗人，在粤东中学教国文。他常常在宿舍里给学生讲解一些革命道理。借《母亲》《夏伯阳》《家》等优秀作品给同学们看。他对郑大方很赏识，曾经带他为鲁迅先生送殡，介绍他参加冼星海的歌咏活动，使他受到了革命的启蒙教育。1938 年春，郑大方进入东吴大学附中读高一，这时上海已处于日军铁蹄的统治之下，具有强烈爱国心的郑大方时刻关注着祖国的前途和命运。同班同学梁柏浩是党的外围组织上海市学生界救亡协会的成员，他从梁那里借阅了毛泽东的《论持久战》以及《解放》《团结》等党的刊物，思想上有了一个大的飞跃，认识到国民党口头上讲抗日，实际上却随时准备妥协，只有依靠中国共产党的领导，才能争取抗日战争的胜利和中华民族的解放。在梁柏浩的影响下，他参加了“学协”，在校内积极开展读书、歌咏、话剧和演讲等活动，担任过附中的“学协代表”，成为学生运动的骨干。

1939 年 2 月，上海地下党发起和组织上海各界赴第三战区慰劳团，并决定乘此机会输送一批热血青年到新四军去。郑大方立即报名参加。在团长吴大琨、副团长杨帆的率领下，慰劳团乘外轮秘密离开上海。船到温州登岸，经过绍兴、诸暨、金华、上饶等地，一路进行慰问演出。郑大方是男团员中年龄最小的，负责后勤工作，也参加演出。他聪明灵活，诚实肯干，大家都非常喜欢他，把他当作小弟弟看待。当时周恩来来江南视察，在金华与慰劳团相遇，接见了他们，并给团员们签名题词留念。郑大方把周恩来的亲笔题词珍藏着，看作是对自己最大鼓励和鞭策。慰劳团沿途冲破国民党的刁难和迫害，于 4 月到达皖南太平。这里离泾县云岭不远，既有国民党的部队，也有新四军办事处。慰劳团事先和新四军军部取得联系，作了妥善安排。一天晚上，演出一结束，新四军的代表立即登台展示叶挺军长给慰劳团的邀请信。他们不顾国民党的阻挠，连夜出发赶到云岭新四军军部，受到项英副军长的热烈欢迎。投奔共产党、新四军是郑大方的夙愿，现在如愿以偿，说不出有多高兴。他和其他知识青年一道毅然投笔从戎，参加了新四军，被安排到教导总队学习。他写信告诉友人说，他到了一个新的天地，呼吸着新鲜空气，过着紧张活泼的生活，字里行间洋溢着喜悦之情。郑大方在教导总队学习了两个星期，又到专门为这批知识青年办的政治短训班学习两个月，学习党的建设、武装斗争、统一战线和群众工作等革命理论。学习结束后即分配工作。同年秋，加入中国共产党。皖南事变前，他离开云岭，经苏南转往苏北。不久，新四军一师二旅六团成立教导队，郑大方任指导员。1942 年底，任四团三营教导员。四团即有名的“老二团”，在对日作战中勇猛顽强，屡建战功，有“老虎团”的美称。

1941 年 7 月起，日伪军对苏南抗日根据地进行残酷的“清乡”。新四军十六旅旅长罗忠毅、政委兼政治部主任廖海涛在战斗中壮烈牺牲。为了加强江南敌后的武装斗争，1943 年 1 月，王必成奉命率一师二旅四团等部南下，与十六旅合编，王必成任旅长，四团改编为十六旅四十八团。

当时，江南敌后战场战斗频繁，既要反击日伪军的“清乡”，又要对付国民党军队的进攻。郑大方在战斗中总是身先士卒，英勇无畏，表现了一个共产党员的高贵品质。1943 年 4 月，在溧水、溧阳地区的反顽战斗中，三营坚守上沛埠，确保左翼的安全。为了钳制敌人，他带一个班孤军冲入敌阵，歼敌一个班，夺得机枪一挺、步枪数支，我军无一伤亡。6 月，三营随旅部到江宁地区活动，保卫旅部的安全。8 月的一天拂晓，我军在虬山突然被日军包围，敌人离旅部只有 300 多米，形势十分危急。三营营长徐超率七、八两连挡住敌人的进攻，郑大方率九连奋不顾身地打开一个缺口，确保旅部安全转移。9 月 14 日，驻宝塘据点的日军南浦旅团岗奇中队对十六旅旅部驻地句容尚村发动突然袭击。郑大方率七连迅速占据有利地形，在一营的配合下抗击敌人的进攻。徐超率九连从侧翼包抄敌人，仅用一个多小时就全歼日军一个小队。通过多次战斗，郑大方积累了丰富的作战经验，成长为一个很出色的指挥员。

郑大方又是一个优秀的部队政工干部。他具有一定的理论修养和文化素质，能写会说，工作有魄力，经常深入班排，了解部队的思想状况，与干部推心置腹，有针对性地做好思想政治工作。他平易近人，关心战士，大家把他当作亲人，无话不谈。他唯一的嗜好就是吸点香烟，战士们没有烟吸就向他要，有时只有一支烟，就几个人轮流吸。他没有烟就向战士要旱烟吸。由于他和战士们心连心，工作起来得心应手，把部队带得虎虎有生气。两溧（溧阳、溧水）反顽之后，根据地缩小，财政收入减少，部队生活非常困难，连饭都吃不饱，又缺医少药，病号增多，减员很大。为了避免敌人袭击，部队天天转移驻地，每天晚上要走几十里路，患夜盲症的同志要靠人扶着走路。环境虽然这样艰苦复杂，但部队始终保持着高昂的士气。

1943 年 9 月，日军兵分三路侵犯苏浙皖边区，国民党军队不战而逃，郎溪、广德、溧阳、宣城四座县城相继沦陷。11 月，新四军十六旅旅长王必成率四十八团尾随日军挺进郎广，开辟敌后抗日根据地。三营的任务是开辟宣长路以北、山北以西、南湖以东地区。郑大方负责发动和组织群众，协助地方建立政权。他善于做群众工作，每到一地就找贫雇农谈话，召开群众座谈会，了解情况，军民之间建立了鱼水相依的亲密关系。三营在短短的两三个月之间就消灭了顽军残余，肃清了土匪，武装了群众，协助地方建立了抗日民主政权，并扩大了部队。

1944 年 3 月，日军从芜湖调集 4000 余人，对郎广抗日根据地进行“扫荡”。

敌人到处抢粮食，抓民夫，烧杀淫掳，无恶不作，百姓恨之入骨。四十八团的指战员们个个怒火中烧，决心等待时机给敌人以狠狠打击。3月29日，日军南浦旅团小林中队100余人和一个伪军大队300余人，带着一门日式九二步兵炮，从门口塘据点出发，经千口、寒冬岭、水东岕，来到杭村一带“扫荡”。四十八团团长刘别生闻报后，立即部署兵力，阻击敌人。命令三营抢先占领杭村西南的慈姑山，实行正面攻击，截敌退路，自己带领一营抢占杭村东南的木鱼山，从侧翼出击敌人。当地群众也紧急动员起来，组织了有100多人的担架队，家家户户忙着烧茶烧水，支援参战的子弟兵。

下午1时许，当三营营长徐超和教导员郑大方率部跑步赶到慈姑山时，数百名日伪军带着抢掠来的鸡鸭和其他财物，正沿着山下的大路稀稀拉拉地往南走。鬼子军官骑着大洋马，耀武扬威，旁若无人。这正是歼敌的有利时机。战士们埋伏在山上的树林中，静静地等待着。大部分敌人走进我军的伏击圈了，只听得徐超营长一声令下：“打！”顿时，步枪、机枪齐发，三营以密集的火力射向敌人，打得日伪军哇哇乱叫。鬼子军官慌忙跳下马，组织反抗，企图抢占山头，但被我军击退。战斗正在激烈进行之时，四十八团副团长饶惠谭率机炮连的一个排及时赶来增援。在三营阵地督战的王必成旅长，命令小炮排长戴文辉用小炮打敌人的大炮。第一发炮弹在日军九二步兵炮的附近爆炸，紧接着打出第二发炮弹，击中牵引九二步兵炮的战马，有的马被打死，有的马受惊后乱蹦乱跳。敌人受到这突如其来的打击，慌了手脚，乱成一团。王旅长随即命令部队冲锋。徐超率九连从山上往下压，郑大方率七连像一把尖刀，沿山沟刺向敌人。刘别生团长也指挥一营从木鱼山高地冲杀下来，配合三营夹击敌人。嘹亮的冲锋号声、猛烈的枪声和喊杀声惊天动地。郑大方挥起驳壳枪，高呼：“为人民立功，冲啊！”率一个排冲在最前面。离敌人越来越近了，他带领战士们英勇无畏地冲入敌阵，和敌人展开白刃格斗。日伪军被打得人仰马翻，不敢恋战，纷纷丢下抢掠来的鸡鸭等物，连陷在大道旁的九二步兵炮也不顾了，仓皇向门口塘方向逃窜。我军乘胜追击。战斗进行了一个多小时，就大获全胜。计歼敌70余人，缴获日式九二步兵炮一门，狠狠打击了日本侵略者的嚣张气焰。但在追歼逃敌途中，郑大方不幸胸部中弹，负了重伤。战友们抬着他转移到横岗，终因伤势过重，抢救无效而牺牲，年仅23岁。战友们满含悲痛的泪水，把他的遗体埋葬在村里的一棵大树旁边。

悠悠岁月冲不淡人们对英雄的思念。郑大方的战友和弟妹们都希望能够找到烈士长眠的地点。1979 年，烈士牺牲 35 周年的时候，经十六旅老战士和当地群众辨认、证实，终于找到他的墓地。1981 年，广德县人民政府拨专款为这位屡建战功的英雄重修陵墓，作永久性的纪念。1986 年，原新四军十六旅政委、中顾委委员江渭清为郑大方烈士题写了“浩气长存”四个大字。郑大方烈士为国捐躯已经半个世纪了，但是他的英雄形象和革命业绩，将和广德的青山绿水同在。

华仑　倪宗璀

阮维恭

阮维恭烈士墓位于郎溪县飞鲤镇三立村下阳村民组一茶叶林中。

阮维恭（1913—1945），广德县誓节渡红登村人，店员出身。1940年加入中国共产党，次年参加新四军，历任新四军十六旅旅部通讯参谋、郎广游击大队一连连长等职，1945年任郎溪县抗日民主政府第三区区长，后调任四区区长。阮维恭经常率领区队在郎溪东夏、大王村、飞鲤桥一带抗击日伪军。同年6月23日，他和区中队在东夏乡夹沙口宿营，由于内奸告密，被日伪军包围。维恭率部奋力突围，不幸头部中弹，壮烈牺牲。第三区区长刘德原闻讯率区中队赶到夹河口增援，敌人却逃跑了。他们随即将牺牲在河中的阮维恭同志遗体打捞上岸，抬回予以安葬。7月初，郎溪县抗日民主政府县长王治平前往四区驻地为阮维恭举行了追悼大会。同时将内奸处决，以祭奠烈士英灵。

广德县地方志办公室

第四章　党史大事记

广德党组织的建立，开辟了广德革命新纪元。百年历史波澜壮阔，重大历史事件就像大海中的浪花，串起广德党史发展历程，知史爱党，党史大事记更砥砺我们前行。

一、党的创立和大革命时期（1919 年 5 月—1927 年 7 月）

1919 年

5 月 8 日　北京爆发五四运动，消息传来，广德县立第一高等小学校长彭鸣皋、第二高等小学校长许俊，联合各国民小学校长、教员 30 余人，成立“广德县五四运动委员会”，并相继成立“学联”“教联”等组织。

5 月 9 日　广德县立第一、第二高等小学等 18 所学校的师生 1000 余人集会，反对巴黎和约，声援北京学生的反帝爱国斗争，并举行游行示威。

5 月　广德县立第二高等小学师生和誓节渡商民 500 余人，高举“抵制日货！”“废除巴黎和约！”的旗帜上街游行。

1922 年

夏　广德旅外学生集会，反对彭耀南、陈言竞选省议员。

1925 年

6 月 5 日　广德县“五卅”惨案后援会成立。广德各界纷纷罢工、罢课、罢市，声讨帝国主义的暴行。6 月 9 日，安徽省立第十二中学（广德中学前身）师生 100 余人举行示威游行，并捐献大洋 100 余元，汇往上海学联，声援上海人民反帝爱国正义斗争。6 月 10 日各界人士 2000 余人举行集会和游行，声援上海工人。

6 月　广德县立第二高等小学学生 100 余人在誓节渡游行，开展爱国宣传活动，并把商店的英、日货清出烧掉。

同月　由广德旅沪学生和县城教师组织的“广德县五卅惨案外交后援会”在广德成立，开展宣传募捐和查抄英、日货活动。誓节渡成立“五卅惨案外交后援会分会”，募捐 110 多元，支援上海工人。

9 月　广德旅沪学生组织的“广德青年社”在上海成立。1927 年 2 月，旅沪学生回到广德，青年社在广德开展活动，请求北伐军进军广德。

1926 年

春　广德青年社主办的进步刊物《扫荆》半月刊在上海出版。首刊有《唯物史观》等文章。

1927 年

3 月 6 日　国民革命军第二军在副军长鲁涤平、副党代表兼政治部主任李富春率领下，在向南京进军途中到达广德。次日，任命周瀛干为广德县县长。

3 月 8 日　广德各界数千人举行盛大的军民联欢会，欢迎国民革命军。二军副军长鲁涤平、四师党代表李六如、五师党代表方维夏先后在会上发表演说。

3 月　国民革命军第二军政治部批准以广德青年社为基础，发展党员，成立国民党广德县临时党部。

同月　二军政治部筹备成立商民协会、农民协会、妇女协会和工会等民众团体。广德城乡工农革命运动蓬勃发展。

3 月 12 日　国民党广德县临时党部举行纪念孙中山逝世二周年大会，鲁涤平在大会上讲话。土豪劣绅指使人员干扰大会，使大会无法进行下去。为了反击土豪劣绅的破坏活动，工会、农会、商会等民众团体发动 1000 余人抄了陈党民等人的家。

5 月　蒋介石发动“四·一二”反革命政变后，反革命势力回潮，周瀛干被迫离开广德，黎在符出任广德县县长，陈觉民出任国民党广德县清党委员会委员。黎在符上任后即下令取缔工会、农会等民众团体，迫害原临时党部人员。

二、土地革命战争时期（1927 年 8 月—1937 年 7 月）

1928 年

12 月　中共沪宁路区党组织派黄老四等人来广德开展工作，组建了中共广德直属小组。黄老四担任小组负责人。

1929年

2月　中共广德特支成立，特支下辖城市、誓节渡、孝岷塘、学生4个支部，有党员20人。丁继周、王金林、张震、高翔分别任上述支部负责人。

冬　中共广德县委成立，王金林任书记，梁其昌等为县委委员，隶属江苏省委领导。

12月1日　王金林以给母亲做寿为名，在黄金坝召开秘密会议，筹集活动经费，进行武装暴动的准备工作。

1930年

3月　王金林、邓国安等，组织和领导花鼓塘一带的农民开展大规模的分粮斗争，先后在董家冲、陈塘、戈村等地分掉大地主的粮食10余万斤。广德暴动以分粮斗争为标志揭开了斗争的序幕。

同月　王金林领导的皖南红军游击队成立。

春　花鼓区苏维埃政府成立，林家旺任主席。到10月止，西坞、沙塘头、侯村、莫村、老村、牛角冲、独树和郎溪的姚村等地相继建立苏维埃政权。

4月　驻独树街的民团马忠海部32人起义加入红军。

4月　国民党政府命令首都卫戍团团副李元凯率一个营来广德，向红色区域发动了第一次清剿。9月，国民党首都卫戍团撤回南京，第一次清剿结束。红军在这次历时5个月的反清剿中，共进行大小战斗20余次，打死敌人50余名，铲除恶霸地主40余人。

5月　龚守德率领红军战士20余人，在合路口截获杨杆大地主魏干成等运往县城的粮食6万余斤。

6月　王金林率领红军袭击东冲地主武装，缴枪4支，获粮100余担。

7月3日　中共江苏省委向广德县委发出指示，要求广德县委坚决执行进攻路线，以反军阀战争为中心，积极发动农民群众，没收地主土地，发展游击战争，建立红军，组织苏维埃政府，夺取一县和几县政权的胜利。

7月14日　中共江苏省委改组，成立江苏省总行动委员会。10月，改称中共江南省委，领导江苏、上海、安徽、浙江党的工作。

同月　国民党郎溪县自卫团驻毕家桥支队27人起义加入红军。

8月　红军武装先后袭击国民党四区（柏垫）区公所及五区（犁壁山）、七区（独树街）的武装，击毙五区区长杨义新、七区区长琚启炳。又攻打驻郎溪姚村之敌，缴枪8支，毙敌2人。

同月　王金林在铜沟收编郎溪毕家桥沈云山、毕小田为首的土匪武装100余人，枪80余支。

10月2日　江南省军委巡视员奉命来广德巡视工作，并就广德党的情形、红军工作、总的估量及建议等问题于12月向省军委提交了书面报告。

10月　皖南红军独立团在独树街成立，王金林任团长，邱宏毅任政治委员，李邦兴任副团长兼参谋长。独立团下辖2个营7个连，共有红军战士600余人，长短枪260余支。

10月　邓国安接任中共广德县委书记。

10月　广郎宣苏维埃代表大会在郎溪境内召开。大会选举产生了广郎宣苏维埃准备委员会，邱宏毅、王金林、程荫隆等当选为委员。大会决定实行土地革命，满足农民对土地的要求，大会还选举了出席全国苏维埃代表大会的代表。

同月　红军独立团在莫村袭击国民党广德县自卫队，毙敌1人，俘敌3人，并缴获队长任升的战马。

同月　国民党五十七师三四二团团长余逢润率一个团（其中一个营驻郎溪）来广德，加上地方反动武装，共2000余人，向红色区域发动了第二次清剿。

11月初　根据中共江南省委的指示，芜湖特委（亦称皖南特委）在芜湖成立。11月16日，特委在芜湖召集广德、宣城、无为、巢县、南陵等县县委书记会议。传达六届三中全会精神，讨论发展皖南各县的农民斗争、发展党组织、拥护红军、反对进攻红军等问题。

11月　王金林等红军独立团领导人率领部队取道孝丰，向赣东北转移，拟与在那里坚持斗争的方志敏部会合。

12月7日　红军独立团在浙江孝丰县门东村（今名文岱村，属安吉县）被敌人包围。在此关键时刻，混进革命队伍里的投机分子沈云山、刘昭武带领3个连300余人，携带100余支好枪到郎溪叛变投敌，红军独立团由原来的600余人减少到70余人。国民党军队乘机向我苏区大举进剿，屠杀基层苏维埃干部和工农群众，广德县委被敌军冲散，大部分苏区丢失。

12月　皖南红军独立团攻打宣城水东，由于敌人换防，增加了兵力，红军战斗失利。

1931年

年初　王金林率领部队到郎溪鸦山进行整编，整编后的红军独立团设三个队：第一队队长李邦兴，第二队队长龚守德，第三队队长邓达远。李邦兴率第一队去孝丰地区活动，不久失败。

2月20日　中共广德县委恢复。3月，县委就广德的情况向省委作了汇报，强调以暴动建立苏维埃。坚决地要求执行土地革命任务，壮大红军队伍。

2月　国民党五十七师三四一团团长许国亭率一个营来广德清剿红军。敌营长王德农率部驻守花鼓塘。

4月6日　中共安徽省委遭破坏，省委书记王步文等被捕。

6月28日　芜湖中心县委发出《对于广德党的指导》，就广德的客观革命形势、党过去错误的教训及目前广德党的主要任务和两条战线的斗争，提出21条指导意见。

6月　王金林率领红军游击队攻打花鼓塘民团，缴枪8支，毙俘敌各2人。

8月　国民党为加强反共力量，拼凑地痞流氓500余人，将国民党广德县自卫队扩充为保卫团。国民党县长邓质仪兼任团长，黎亚豪任副团长，配合许国亭部向红军发动清剿。

8月　省委巡视员李上林和广德党团负责人邓国安、张国泰联名向省委发出《关于皖省广德红军的报告》，就广德红军失败的原因与部队情况向省委作报告。

8月7日　共青团广德县委书记张国泰在文昌宫与敌人遭遇，中弹牺牲。

8月　王金林率领红军在犁壁山袭击国民党广德县保卫团，毙敌3人，缴枪6支。

10月16日　王金林率部攻打甘溪沟，毙敌3人，红军独立团第二队队长龚守德在战斗中英勇牺牲。

10月22日　王金林率领红军和赤卫队攻打誓节渡，由于走漏消息，敌人紧闭栅门，严密防守，红军久攻不下，王金林亲临前沿指挥，左臂负伤离队，红军主动撤出阵地。

10月　红军在转移途中，不断遭到敌人的包围、袭击，伤亡很大，剩下的少数人员，有的转入地下活动，有的转到外地，红军独立团的斗争最后失败。

同月　由于叛徒龙明忠告密，王金林在汪家冲被国民党五十七师三四一团二营营长王德农部逮捕。

11月22日　王金林于广德北门外凤凰墩英勇就义。在前往刑场途中，王金林镇定自若，大义凛然，不断高唱革命歌曲，高呼“中国共产党万岁”等口号，从容就义。

11月23日　中央发出《给广德县委的指示信》，指出“广德赤区发展的方向，是应当向徽州发展，以期与赣东北赤区打通一气”，中央决定“在芜湖中心县委未健全以前，广德工作直接归中央指导”（此时，广德暴动已经失败）。

1932年

夏　广德暴动失败后，赤卫队总队长刘祖文前往上海与党组织取得了联系。根据组织的决定，回广德开展工作，建立了一支10余人的武装，活动在誓节渡的后村一带。11月23日，刘祖文在稻谷冲被国民党县政府手枪队逮捕，不久被杀害。

秋　邓国安在上海沪西工人住宅区被捕，被敌人杀害于漕河泾监狱。

1936年

春　邵长河率部在广德开展游击活动，在横冲（月湾乡）建立了联络点。

4月　皖浙省委扩大会议决定成立上浙皖特委，邵长河任特委书记，领导泾县、宣城、广德、郎溪、宁国、孝丰、于潜、昌化等县的工作。并在广德、宁国和孝丰边境建立宁广县委和孝广县委。

10月8日　杨彪率领48名红军战士到广德塘辛、白马一带活动，开辟宁广地区。

10月　红军在竹克与国民党保安队发生激战，打死打伤敌军20余人，俘敌4人，缴步枪4支，子弹数百发。

11月　红军在广德、宁国边境发展地方武装200余人，成立广宁游击队。

广德由徐正华任队长，宁国由陈漆匠任队长。

12 月　红军在塘辛、白马一带建立农民协会，领导农民开展减租减息斗争。

1937 年

1 月　蒋介石调集 10 万余兵力分三路进攻皖浙赣游击区，其中三十四师一路从浙江开化向宁国、广德、宣城、泾县、旌德进犯。

2 月底　广宁游击队在宁国小树坪战斗失利，队长徐正华负伤，后被捕牺牲。

6 月 2 日　邵长河率领的红军在野鸡冲被国民党三十四师包围，邵长河负重伤，部队被打散。

三、抗日战争时期（1931 年 9 月—1945 年 9 月）

1937 年

7 月 7 日　日本侵略军向北平郊区宛平县卢沟桥的中国驻军发动进攻。中国守军第二十九军一部奋起抵抗。全面抗日战争开始。

8 月 13 日　日本侵略军大举进攻上海，淞沪会战爆发。

8 月 14 日　驻广德中国空军第二大队出动机群，袭击日军。在战斗中，中国空军飞行员任云阁和祝鸿信驾驶“907 号”战机炸伤日本海军第三舰队旗舰“出云号”。任云阁英勇献身。同日下午，日军派飞机轰炸广德县城和飞机场。

8 月 19 日　中国空军第二大队飞行员沈崇诲、轰炸员陈锡纯驾驶“904”号飞机，袭击佘山海面日军目标，途经南汇上空，飞机突发故障，他们没有迫降着陆或弃机跳伞，而是对准一艘敌舰撞去与敌舰同归于尽。

8 月 19 日　中国空军第四大队飞行员龚业悌，在广德上空击落日机一架。

10 月 6 日　下午 3 点，5 架日军飞机轰炸广德县城，丢下 8 枚炸弹，炸死 4 人。

11 月　为了寻求救亡图存之路，广德进步青年许道珍、周嘉琳（又名周志坚）、尚金铭（又名尚伯康）、许道琦千里迢迢奔赴延安，进入抗日军政大学学习。次年，朱传德进入抗大第四期学习。

11 月 12 日　上海沦陷后，日军分兵进攻南京。为了固守外围阵地，蒋介石调二十三集团军总司令刘湘部（川军）5 个师、2 个旅约 5 万余兵力集中在广德、泗安一线。其中一四五师师长饶国华、一四六师师长刘兆藜率部固守广德，由二十五军团军团长潘文华代理二十三集团军总司令指挥广德、泗安的战事。

11 月 26 日—28 日　日军先后派遣 27 架飞机轮番轰炸广德县城、飞机场、誓节渡等地。在誓节渡炸死居民 100 余人、国民党部队官兵 200 余人。

11 月 29 日　日军十八师团 4 千余兵力，由长兴、泗安向广德进攻。国民党守军一四五师顽强抵抗，在广德祠山岗大松林一带与日军激战，打响了安徽抗战第一仗。终因守军装备低劣，伤亡惨重，战斗失利。29 日夜间，日军第一次占领广德县城。

11 月 30 日　一四五师师长饶国华含恨自戕殉国。

1938 年

1 月 13 日　日军撤出广德，向芜湖方向进犯，国民党军队进驻广德县城。

3 月 21 日　日军数百人从芜湖、宣城方向入侵，第二次占领广德县城。25 日，日军经流洞桥向江苏宜兴方向进犯，国民党军队收复广德县城。

3 月 24 日　日军在邱村前路村一带扫荡，在该村螺蛳沟一次枪杀 47 名逃难的老百姓。

4 月　中共皖南特委在歙县潜口成立，特委书记李步新。5 月，特委决定，在皖南大量发展党员。

5 月 4 日　毛泽东电示中共中央东南分局书记项英，新四军应在广德、苏州、镇江、南京、芜湖五区之间广大地区创建根据地，发动民众的抗日斗争，进行游击战争，组织民众武装发展新的游击队是完全有希望的。

5 月 15 日　毛泽东致电项英、陈毅，指示新四军应“力争苏浙皖边发展游击战，但在目前最有利于发展地区在江苏境内的茅山山脉，即以溧阳、溧水地区为中心向着南京、镇江、丹阳、金坛、宜兴、长兴、广德线上之敌作战，必须建立根据地，扩大新四军根据地。”

5 月　广德县民众总动员委员会在柏垫努力村成立，中共党员许道珍、周嘉琳于抗大毕业后，受中共皖南特委派遣，回到广德，参加了“动委会”，组建了广德县青年工作团。周嘉琳任“动委会”总干事，许道珍任“青工团”副团长。他们在同学、同乡中秘密发展党员，开展抗日工作。同年 8 月，国民党第三战区下属的皖南动委会先后派反共分子来广德，调察共产党活动情况，排挤、打击、迫害共产党员。许道珍、周嘉琳被迫退出“动委会”。

秋　许道珍、周嘉琳被迫离开“动委会”“青工团”。许道珍到苏村创办苏村小学，以教书作掩护开展革命活动，秘密发展党员，成立了中共苏村支部，书记许道珍，属皖南特委领导。这是广德党组织在抗日战争中第一次得到重建。

冬　广德党组织根据皖南特委关于克服关门主义，大量发展党员的指示，派党员到县城、誓节渡、花鼓塘、十八里店和郎溪县涛城等地积极发展党员，党员增加到100余人，成立中共广德县工委，书记周嘉琳。同时成立苏村区工委，书记许道珍（兼）。年底，涛城区委成立，书记李允功。

12月　中共广德县工委在誓节渡复兴商店设秘密联络站，店主许端甫、店员王自强。主要任务搜集情报、传递信件、报刊等。

1939年

1月21日—30日　国民党召开五届五中全会，确定了“溶共”“防共”“限共”“反共”的反动方针。同年7月，国民党在广德田里戈村设立第二游击区总指挥部和江南行署，积极推行反共反人民的政策，广德党组织转入地下进行斗争。

3月　广德党组织先后派朱传仁、许道普、张思齐等去泾县新四军军部学习。

7月　中共苏皖特委在宣城狸头桥成立，书记谭启龙，组织部长李华楷，宣传部长陈立平，青年部长王一凡，妇女部长凌菲，秘书张思齐。

8月　中共苏皖特委派青年部长王一凡来广德传达东南局指示，决定将广德县工委由皖南特委领导改属苏皖特委领导，将广德县工委改称中共广郎县工委，书记周嘉琳，副书记陈登科，组织部长许道珍，宣传部长彭海涛，妇女部长徐竹芳。苏皖特委派特派员丁浩（喻孟成）来广郎地区工作。

10月　国民党广德县政府根据《防制异党活动办法》和皖南行署密令，决定将许道珍拘押至屯溪受审。为了保护革命骨干，中共苏皖特委将许道珍、周嘉琳调离广德，分别分配到中共宣当芜中心县委和宜溧中心县委工作。广德县工委由陈登科、彭海涛、丁浩负责。

12月19日　中共中央东南局决定成立中共苏皖区党委，吴仲超、谭启龙、邓振询（邓仲铭）等先后任书记。

1940 年

3 月　中共苏皖区党委决定撤销苏南、苏皖两个特委，将全区划分为四个游击区，每个游击区设立一个中心县委。在广郎国统区成立中共广郎中心县委，张思齐任书记，丁浩任副书记兼组织部长，彭海涛任宣传部长。广郎中心县委下辖广德、郎溪两个县委。广德县委书记丁浩（兼），郎溪县委书记李允功。

同月　周嘉琳在宜溧中心县委工作时，为了打通苏南与皖南、浙西的联系，在宜兴桥涯建立一个以合兴饭店为名的联络站，由章能文负责，吴棋负责交通联络；在砖桥设立一个以骡马行作掩护的情报站，负责人陆海均。

6 月　由于新四军兵站遭国民党破坏，切断了苏南与皖南的联络。东南局决定将广郎中心县委划归其直接领导。年底，新四军准备北移，东南局又决定广郎中心县委仍归苏皖区党委领导。

7 月　国民党第三十三旅派出百余名便衣特务，冒充新四军，在广德誓节渡、苏村、郎溪梅渚、涛城等地，刺探情报，搜捕共产党员。

10 月 12 日　日军从浙江安吉、孝丰方向第三次侵占广德。13 日向江苏溧阳进犯。

10 月　刘烈人任广郎中心县委书记，张思齐任副书记，丁浩任宣传部长。年底刘烈人调走，张思齐任书记，增加青年部长徐步芳（徐必荣）、妇女部长徐竹芳。东南局同时派石坚任广郎中心县委组织部长。

下半年　苏皖区党委派熊达人（又名杨大嘉）来广德。熊达人在苏村小学以教书作掩护开展工作，参加广德县委，年底调离广德。

1941 年

1 月 6 日　震惊中外的皖南事变在泾县茂林发生。广德党组织护送江渭清等 24 名突围出来的干部、战士到苏南抗日根据地。广郎中心县委先由广德苏村迁至郎溪涛城，后又转移至安庆滩，以开磨坊、熬硝作掩护，继续秘密开展活动。

3 月　陈毅致信苏皖区党委和二支队。信中说：“自皖南事变后，敌伪顽对我夹击的形势更加严重”“你处仍以大的力量保持苏南，同时以大的力量与浙西、皖南党建立工作关系，特别是宜兴、广郎党的工作不能放松……”这对及时打通苏皖联系，发展中共广郎力量，起到了促进作用。

4 月　苏皖边区四兵站被国民党破坏后，广德党组织一度与上级党组织失去了联系。广郎中心县委书记张思齐和阮维良根据周嘉琳在信中提供的线索，到宜兴和桥找到苏皖区党委书记邓振询。区党委指示广郎党组织要以“隐蔽巩固，保存组织，等待时机”为工作方针；要建立地方武装，保护党组织活动，打击敌人，惩处叛徒。同时派许道珍回广德组建游击队。

5 月 15 日　苏皖区党委决定将苏皖地区重新调整为四个特委，其中广郎中心县委与宜兴、溧阳、高淳等地国统区的党组织合并为苏皖特委。书记张思齐，组织部长石坚，宣传部长丁浩。广德成立中心区委，书记丁浩（兼）。

5 月　国民党安徽省党部指责郎溪、广德县党部反共不积极，撤换了原县党部负责人，重新调派了得力的反共分子分别担任郎溪、广德县党部书记长和县长，并在广德、郎溪等地大量发展农民加入国民党，与中共地方党组织对抗。

同月　广郎中心县委派秘密交通员黄怀谷、赵文昌（现名屈健申），王崇立（又名王惠民）魏年来（又名徐有才），打入国民党孙家埠茶叶检查处，为党组织筹集经费，收集、传递情报。

同月　郎溪县委委员孙瑾公开叛变，郎溪县党组织（除长乐区保存部分支部外）均遭破坏，李邦达被捕牺牲。广郎中心县委由安庆滩转移至广德县吴家冲坚持斗争。

同月　张思齐派许道普、伍家卫到国民党郎溪梅渚货检处，通过打入该处任处长的地下党员石云阶，取回长枪 2 支、短枪 1 支和几枚手榴弹，在誓节渡附近成立郎广游击队，负责人许道珍。同年 6 月，苏皖区党委派龚铁（原名谢振国）来广德配合许道珍领导郎广游击队。

7 月　广郎地区党组织按照上级指示，采取大支部划小支部、清洗不纯分子、实行单线联系等方法，进行内部整顿。

10 月　苏皖区党委决定将苏皖特委和路西北特委合并为苏皖特委（亦称路西北特委），欧阳惠琳任书记。同时决定，广德、郎溪两县党组织合并，成立中共广郎县委，负责人张思齐、丁浩。隶属苏皖特委领导。

1942年

5月　苏皖区党委决定撤销苏皖特委（路西北特委），在广德、郎溪成立中共广郎中心县委，书记张思齐，副书记丁浩，属苏皖区党委领导。广郎中心县委下辖郎溪、广德两县。

6月18日　郎广游击队队员许道普、伍家卫、孙朝庭在誓节渡处决了国民党郎溪县党部书记长乌牧村，此后还处决了“忠救军”团副张大德，叛徒何其雄、童尉新等。

1943年

1月13日　新四军一师二旅旅长王必成率部分主力，由苏中到苏南与十六旅合并，仍称十六旅。王必成任旅长，江渭清任政委。

6月　郎广游击队在石板桥击毙国民党杨杆乡副乡长和誓节乡保长，缴短枪3支、步枪1支，搜获法币1万余元。龚铁率游击队袭击国民党郎溪县警备队，打死哨兵1人，缴枪8支。

7月　国民党第三战区派叛徒徐世良到广德任调查专员，伙同原国民党县党部特派员朱学易、国民党苏村乡乡长韩步清、国民党肃反行动队队长熊为政等，大肆搜捕共产党员。苏村党组织几乎全遭破坏。全县只剩下3个支部、32名党员。

9月30日　日军调集2万余兵力，分皖南、苏南、浙西三路向苏浙皖边区发动大规模进攻。其中苏南一路两个联队四千余人，三日之内进程两百余里，相继占领广德、郎溪、溧阳、宣城4座县城。国民党军队闻风而逃。

10月2日　日军第四次占领广德，先后在门口塘、誓节渡、山关岭等地修筑碉堡，设立据点，在县城组织维持会，开设赌场和慰安所等。

10月3日　新四军十六旅旅长王必成、政委江渭清在日军侵占苏南地区后，立即给各县（团）委发出指示，号召全党全军必须加紧反扫荡、反清乡的准备。

11月1日　新四军十六旅旅长王必成率四十六团、四十八团尾随敌军，解放了广德、郎溪北部地区及长兴外围等地。年底，十六旅政委江渭清率部与王必成会合。苏皖区党委、苏南行署、十六旅旅部由溧阳南移广德山北、砖桥、新杭等地。广郎地区成为苏南抗日根据地的重要基地。

11月21日　中共中央华中局和新四军军部对苏南工作分别发出指示：广、

郎及长兴、宣城之一部应划为广泛游击区，以建立武装和地方党组织为主，打通与浙东根据地的联系。

12 月　中共郎溪县委书记周嘉琳指派王长槐、王安义、胡金保开辟花鼓乡，成立乡抗日民主政府、乡中队。该中队袭击国民党“忠救军”清乡队，缴枪 12 支。

同月　中共广德县委在砖桥泉村成立，书记石坚，属苏皖区党委领导。

同月　郎广游击大队成立，龚铁任大队长，阮维良任副大队长，许道普任指导员。游击大队下设两个排，40 余人。

同月　新四军十六旅四十八团一部在游击队配合下，在流洞大王村袭击日伪军据点，歼敌 11 人，活捉 19 人，缴长短枪 52 支，战马 1 匹。

1944 年

1 月　广德县抗日民主政府在杭村水东岕成立，县长许道珍。政府下设财政、军事等科室。至 3 月底，相继建立起 3 个区（一、二、三区）抗日民主政府。

1 月 20 日—2 月 7 日　苏皖区党委扩大会议在广德上保村等地召开。会议确定以战斗、生产、整风为 1944 年三大任务，以巩固老区、建设新区、开辟边区、积极向南发展为工作重点。会议决定将全区划为四个地委、行政分区。其中四地委（广郎地委）书记罗维道（兼），副书记朱辉；第四行政分区专员刘烈人。下辖广德、郎溪、溧南、长兴四县。

2 月　在新四军的帮助下，广德县纸业工人救国会、农民救国会在广北地区成立，领导开展“增资”和“双减”（减租减息）斗争。

3 月　石坚调任苏南二地委副书记兼组织部长，李坚真（女）由溧水县调任广德县委书记。

3 月 11 日　国民党第三战区第二游击区第二挺进军第五团数百人，与从广德出发“扫荡”的三路日军同时向花鼓乡抗日民主政府中队发动进攻。

3 月 29 日　驻广德门口塘日军南浦旅团小林中队和一个伪军大队，来到杭村一带进行扫荡。新四军十六旅旅长王必成亲自指挥四十八团伏击日伪军，歼敌 70 余人，缴获日式九二步兵炮一门，取得杭村大捷。战斗中，新四军四十八团三营教导员郑大方、九连连长李小毛英勇牺牲。

5 月 13 日　广德县抗日民主政府召开全县士绅和乡长会议。会上部署了春耕、自卫、公粮三大工作。江渭清、王必成出席会议并作了重要讲话。

5月　郎广游击大队发展到200余人，整编为第一、第三两个中队。阮维良任大队长，张羽任教导员。阮维恭、曾广祥分别任一、三中队队长。7月，郎广游击大队撤销,原两个中队分别编入广德、郎溪县警卫连和新四军主力部队。

7月2日　国民党军队为消灭花鼓乡抗日民主政府武装，派出五十二师一五四团两个营，再次对花鼓乡抗日政权发动进攻，围攻花鼓乡中队，逮捕抗日家属，抢劫民财。

7月　广德县警卫连成立，连长伍家卫。

同月　李华楷由高邮调任广德县委书记，李坚真调苏皖区党委工作。

8月13日　流洞、开化（现彭村）两乡游击队50余人在查扉村开会，被汉奸告密，遭到“忠救军”200余人的包围。游击队在突围中牺牲4人，伤敌2人，冲出包围。

10月　广德县总队成立，总队长张羽。

12月2日—4日　国民党第三战区调集6个团的兵力，由六十二师师长刘勋浩指挥，分三路于12月1日越过广（德）泗（安）公路，侵入广德北乡牛头山等地，企图围歼新四军主力。2至4日，新四军十六旅四十六团、四十八团和独立二团被迫自卫反击，在广德牛头山、长兴青岘岭激战三昼夜，毙顽军600余人，俘顽军200余人，将顽军击退至广（德）泗（安）公路以南，进一步巩固了郎广抗日根据地。

本年　新四军军工部在广德北乡杜家坟、水东岕、韩家巷、云门寺等地陆续开办被服厂、江南印钞厂、印刷厂、兵工厂。这些军工厂负责承担印刷、发行“抗币”和《火线报》《苏南报》，兵工厂承担制造手榴弹、维修枪炮等任务。

1945年

1月　东亭乡政府、乡中队成立，王贯一任乡长兼中队长，在大地主黎亚豪家挖出步枪24支，武装了乡中队。

2月5日　苏浙军区成立，粟裕任司令员，谭震林任政委。苏浙军区下设三个纵队：十六旅改编为第一纵队，司令员王必成，政委江渭清，辖一、二、三支队；浙东纵队为第二纵队，司令员何克希，政委谭启龙，辖四、五、六支队；

三旅为第三纵队，司令员陶勇，政委阮英平，辖七、八、九支队。新四军第一师副师长叶飞率领教导旅和地方干部渡江南下，4月23日进军到浙西孝丰东南的吴家道，同苏浙军区会合。叶飞任苏浙军区副司令员。教导旅改称第四纵队，廖政国任司令员，韦一平任政治委员，下辖第十、第十一、第十二支队。

2月14日—18日　苏浙军区部队向浙西挺进，陶勇司令员率第三纵队七、八两个支队进入浙江泗安、安徽广德、誓节渡以南地区，配合一纵队行动。当七支队到达广德南乡时，遭到国民党第三战区六十二师、“忠救军”等部五个团兵力的阻击。苏浙军区一、三纵队全线出击，在广德、孝丰边界一带歼灭六十二师一八四、一八五两个团的大部，解放了孝丰县城。此役经5天的激战，共歼顽军1700余人，取得天目山第一次反顽战役的胜利。

2月22日　苏皖区党委决定：苏南一、三地委合并为一地委；二（太滆）、四（郎广）地委合并为二地委，书记陈立平。广德县委归二地委领导。

2月　中共广南县委、广南县抗日民主政府在同溪陈坞村成立，李华楷由广北调任广南县委书记兼县长。5月胡宏任县长。广南县委、县抗日民主政府属浙西区党委天北地委、专署领导，下设卢村、苏村、柏垫3个区。同时，以花鼓乡中队为基础，成立广南县游击连，连长胡金保。

原广德县改为广北县，县委书记陆平东，县长许道珍。广北县委、县抗日民主政府属苏南二地委、行政二分区领导。

2月　花鼓乡和凤井乡中队200余人，由徐星光、邓平率领，歼灭驻柏垫姚村国民党部队一个连。活捉连长、教官张广文。

3月1日—26日　国民党苏浙皖挺进军总司令陶广重新调集五十二师、六十二师、“忠救军”等部十二个团的兵力，分四路向我孝丰阵地猛烈合击。苏浙军区第一、三纵队自卫反击，经20余天激战，共歼顽军1700余人，取得第二次天目山反顽战役的胜利。此役中，第一路“忠救军”一部由广德刘村、小百店一线向孝丰之西进犯，袭击三纵队驻守在广德境内的桃花山、牛山、八卦山、石鼓山、乌石山等阵地。3月7日我三纵队八支队组织反击，粉碎了“忠救军”的进攻。

3月15日　第三纵队七、八支队攻克独树街，歼顽军30余人，连长被击毙，缴机枪3挺和其他武器。

3月　广北县抗日民主政府县长许道珍在砖桥领导纸工开展“增资”斗争。并迫使六七十名地主和纸槽老板答应了纸工提出的要求。这次“增资”斗争，促进了纸业工会的发展。

5月29日　国民党调集14个师、42个团共66000余兵力，向苏浙军区部队发动大规模进攻。6月19日至23日，苏浙军区组织反击，歼顽敌6800余人，取得第三次天目山反顽战役的胜利。其中在北路国民党五十二师一五五团进攻广德姚街、小百店一线时，苏浙军区第三纵队七、九支队与第四纵队十支队配合，在广德小百店等地歼灭顽军一五五团大部。

在天目山三次反顽战役中，广德共派出常备民工1881人随军参加抢运粮食、弹药和护送伤员。

5月　中共苏皖区党委改称苏南区党委，吴仲超任苏南区党委书记兼苏南行政公署主任。

同月　西湖（现赵村）、高湖两乡游击队在广德城郊王山冲，活捉日军5名，缴手枪1支。

7月13日　国民党“忠救军”第二纵队四团二营营长姚建，率领4个排和营部官兵共100余人起义，编入新四军。苏浙军区第三纵队为此在广德柏垫召开欢迎大会。

7月　天目山第三次反顽战役胜利后，苏浙军区第三纵队奉令进入广德休整。

同月　广南县委书记李华楷、县长胡宏调走后，周嘉琳、李晓光从孝丰调到广南县，周嘉琳任县委书记，周瑞锦（化名王光）任县长。李晓光任副书记兼组织部长。

8月12日　中共中央军委致电华中局和新四军军部，就执行中共中央关于改变部署的指示，提出在江南应立即占领广德、郎溪、长兴、宜兴、溧阳诸城镇。

8月14日　赵荫华任广北县委书记，原广北县委书记陆平东调苏浙区党委苏南二地委工作。

8月15日　在中、美、英三国发表的波茨坦公告的促令下，日本天皇裕仁宣布无条件投降。9月2日，日本代表在投降书上签字。至此，中国人民抗日战争胜利结束，第二次世界大战也于此结束。

8 月 19 日　苏浙军区派一位日本反战同盟使者新行内原诒，向驻广德县城的日军接洽投降事宜，被日军杀害。

8 月 28 日　苏浙军区第三纵队第九支队光复广德县城。

8 月　华中局决定苏南区党委与浙西区党委合并，成立苏浙区党委，粟裕任书记，金明任副书记。9 月 1 日，苏浙区党委正式宣布成立。

同月　广德县（广南地区）独立营成立，营长阮维良，政委李晓光。独立营下辖四个连：一连连长胡金保，二连连长王贯一，三连连长时子友，四连连长朱传仁。

四、解放战争时期（1945 年 9 月—1949 年 9 月）

1945 年

9 月初　广北、广南两县党政机关合并成立中共广德县委、广德县民主政府，赵荫华任县委书记，周嘉琳任副书记，李晓光任组织部长，许道珍任广德县民主政府县长。王彪任广德县独立团团长，政委由赵荫华兼，副政委、政治部主任由李晓光兼。

9 月 19 日　中共中央发出指示，规定我党在全国的战略方针是“向北发展，向南防御”。决定华中局北移山东，和山东分局组成华东局，在华中成立华中分局，受华东局领导。

同日　周恩来在重庆谈判中提出：我军将从广东、浙江、苏南、皖南、皖中、湖南、湖北、河南（豫北不在内）8 个省区的根据地撤退，到陇海路以北及苏北、皖北集中。

9 月 20 日　抗日战争胜利后，中国共产党为了争取全国和平民主新阶段的到来，准备作一些必要的让步，指示华中局，令“浙东、苏南、皖南部队北撤，越快越好”。10 月 1 日，中共中央再次指示华中局，即苏南主力北调后，留相当一部分力量在原地坚持活动，用武装斗争配合合法斗争与两面派斗争，并强调指出：坚持苏南原地斗争是很有作用的。同日，新四军颁发《江南新四军北移告别民众书》。

9 月 23 日　苏浙军区司令员粟裕到宜兴，传达中共中央关于苏浙军区部队撤离苏南等解放区的指示。9月下旬，广德县党政机关及武装奉命随苏浙军区主力部队北撤。

10月5日　苏浙区党委负责人金明、叶飞、吴仲超在宜兴张渚召开留守工作会议，交待留守任务。宣布成立苏浙皖边区特委（对外称新四军苏浙皖边区留守处），陈立平为书记，熊兆仁、倪南山、孙章录为委员。边区特委下设茅山、太滆、郎广、浙西4个工委，成立苏浙皖边区司令部，司令员熊兆仁，政委陈立平，参谋长倪南山。

10月上旬　郎广工委建立，书记张思齐，副书记许道珍，委员丁浩、胡惠民、彭海涛、向阳、刘旦。下辖宣城、郎溪、广德、长兴4县。分别由彭海涛、丁浩、胡惠民、刘旦任特派员。工委设警卫连，各县设武工队，全部武装约200余人。

10月中旬　国民党一四四师、一四五师、一四六师和新七师、青年军以及交警大队、伞兵旅等部2万余人，先后进入宣城、郎溪、广德、长兴地区，对我留守部队发动第一次清剿。同时，国民党地方政权和武装也相继建立。国共双方签订双十协定后，蒋介石、何应钦仍连续两次下达“清剿”命令：要求“以主力迅速清剿江南‘散匪’，以恢复京沪杭地方治安，维护交通安全，确保还都南京”。12月底，国民党为了抢占战略要地，撤走驻郎广地区的正规部队。至此，国民党军队第一次清剿结束。

11月1日　熊兆仁、陈立平率领的苏浙皖边区司令部武装在广南海口冲附近遭敌包围，电台丢失，损失严重。3日，陈立平去苏北汇报工作，熊兆仁、倪南山留下坚持斗争。

11月上旬　彭海涛、向阳率部在桂峰乡一带活动，突遭国民党一四五师包围，队伍被打散。后在洪林桥林家岗又遭国民党新七师和宣城常备队包围，突围时，向阳壮烈牺牲。彭海涛在联络失散的同志时，由于两面派保长王传新的告密，在桂峰乡王村不幸被捕，后押送杭州集中营。

11月29日　郎广工委警卫连连长傅家齐和郎溪武工队的师尚荣胁迫战士10余人，携带机枪2挺、步枪10余支，到誓节渡叛变投敌。

12月上旬　由于国民党军队的疯狂清剿，郎广工委只剩下8人，郎溪武工队只剩下5人。不久，两处人员合在一起被称为“十三太保”，在极端艰苦的条件下，继续坚持斗争。

1946 年

1月　根据郎广工委指示，广德武工队分为两个组，一组由胡惠民带领到广南的誓节渡等地活动，一组由李明德带领仍在广北坚持斗争。

2月22日　彭海涛于2月14日从杭州越狱，后几经周折，找到了同窗好友徐仲甫。在徐的护送下，彭于22日在秀里村与郎广工委取得联系，参加郎广工委的活动。

2月　中共皖南地委成立，胡明任书记。

春　郎广工委在苏村一带开展群众工作，建立联络点，发展党员，先后建立秀里村、小腰山和富村塔3个党支部。

4月　国民党新七师对苏浙皖边区发动第二次清剿。6月，国民党新七师调往苏北打内战，对郎广地区持续3个月的清剿结束。郎广工委在此次反清剿中，采取“避敌锋芒、分散隐蔽、待机与敌斗争”的战术，依靠群众与敌周旋，损失较小。

5月4日　华中分局在《关于保卫解放区，粉碎国民党进攻的指示》中指出：“停战协定、政协决议已被国民党破坏，全国性的大规模的内战即将爆发，我党我军决心以胜利的自卫战，彻底粉碎国民党的进攻。”

6月10日　中共华中分局发布《关于目前自卫战争的工作指示》，指出：“这次内战如果一爆发，可能是长期的，上级要我们对内进行深入的动员，充实主力部队，加强县、区、乡地方武装建设。”

6月26日　蒋介石悍然撕毁停战协定和政协决议，派军队大举围攻中原解放区。从此发动了对各解放区的全面进攻，新的全国内战爆发。

7月1日　中共华中分局给熊兆仁、倪南山发出指示信（简称《七一指示》）。指示信中赞扬了苏南部队艰苦奋斗的精神，并明确提出苏南、皖南党和游击队的总任务：“放手发动群众，壮大人民力量，积极开展群众性的游击战争。”并决定成立苏皖边区军政委员会，以集中统一指挥苏、皖两地的斗争。

7月中旬　中共华中分局的《七一指示》传到江南后，熊兆仁、倪南山在宜溧交界的岭涯岕召开司令部和太滆工委会议，传达贯彻《七一指示》。会议决定由熊兆仁、倪南山率司令部骨干40余人前往皖南与胡明会师。同年9月，熊兆仁等在前往皖南路经郎广地区的途中，在郎广工委召开的区级以上干部会议上，传达了《七一指示》。工委会议决定派彭海涛率武工组去宣东寻找皖南游击队，打通苏皖之间的联系。

7月25日　国民党广德县誓节乡中队的何增太等17名士兵举行兵变，击毙中队副，携机枪2挺、短枪5支、步枪16支，参加郎广工委领导的游击队。

8月　中共苏村区委成立，书记兼区长王自强，副书记兼副区长朱平、属郎广工委领导。

9月10日　熊兆仁、倪南山率边区司令部武装，在郎广工委武装配合下，袭击国民党郎溪毕桥乡公所。击毙敌乡长，缴步枪11支、子弹数百发，同时筹集了一批布匹和现款。

9月　边区司令部武装在广德武工队的配合下，摧毁广、溧交界处的金鸡岕反动堡垒，毙敌6人，缴枪2支。

同月　郎广工委建立直属队，队长史纪昌，支部书记高明山（李轩）。下辖3个班30多人，有机枪2挺、长短枪30余支。

10月　熊兆仁率部到达泾县樵山和胡明会师。11月初，熊兆仁参加皖南地委在泾县濂坑召开的苏皖会师后的第一次地委会议。会议交流了皖南、苏南的斗争情况和经验，贯彻华中分局《七一指示》，成立苏皖军政委员会，胡明任主席，熊兆仁任军事部长。会议确定了当前的总任务，即“放手发动群众，壮大人民力量，积极开展群众性的游击战争，向着创建根据地的目标前进”。

11月　熊兆仁、倪南山从皖南回到郎广地区，向郎广工委传达了皖南地委会议精神，并对下一步工作作出部署，决定将广北地区划归太滆工委领导，要求太滆工委书记孙章录的领导中心，从宜北移到宜南广北地区。

同月　郎广工委决定成立鸦山区委和路北区委，区委书记分别是韩明奎和孙德胜。

12月　郎广工委根据上级指示，积极开展群众性的游击战争。同时，派彭海涛率武工队以郎溪鸦山为依托，开辟宣宁地区；次年1月，郎广工委又派史纪昌率一个班以五龙山为依托，开辟广南地区，朝着创建游击根据地目标前进。

同月　华中分局为加强苏浙皖边区斗争的领导，决定撤销苏浙皖边区特委，成立苏浙皖边区工委。林岳（钱敏）任书记，孙章录任副书记，朱春苑任委员。

1947 年 2 月，林岳、朱春苑由苏中到达宜南，与孙章录、张之宜、王子达、张晖等会合，正式成立苏浙皖边区工委。

同月　苏浙皖边区司令部及广德武工队击溃国民党广德县保安队的进攻，缴步枪 1 支、手枪 3 支。

1947 年

1 月　熊兆仁、倪南山率 40 余人的骨干队伍第二次去皖南，在泾县樵山与胡明会合，留在皖南进行斗争。

3 月 8 日　华东局给皖南地委发出指示信（简称《三八指示》），指出全面战略反攻即将到来，要求皖南党组织大胆放手开展游击战争，积极开辟第二战场，以配合正面战场作战，并应集中主力创建根据地。

3 月　叛徒傅家齐兄弟先后被处决。傅家齐及其弟傅家和预谋再次叛变，郎广工委发觉后，将傅家和处决。傅家齐逃脱，不久也被处决。

同月　郎广分工委成立，分工委书记张思齐，副书记许道珍，委员丁浩，后来又增补彭海涛为委员。

同月　郎溪县政府成立，丁浩任县长，下辖苏村、路北和鸦山 3 个区。

同月　皖南地委在樵山荷花坑召开地委扩大会议，会议确定苏南的工作应贯彻巩固发展的方针，开辟溧南，打开广德北部局面。郎广分工委向南、东南、西南 3 个方向发展，与皖南连成一片。会议提出“开仓济贫”的口号，决定发动群众进行分粮斗争；会议还决定建立苏皖边区司令部，司令员熊兆仁，政委胡明。

同月　国民党广德县誓节乡中队驻杨杆据点的士兵李定海等 3 人，携带步枪 8 支，向郎广分工委投诚。

春　广北成立溧郎广办事处和宜广长办事处，胡惠民兼任这两个办事处主任。李明德任溧郎广办事处副主任，王章任宜广长办事处副主任。

4 月 1 日　苏浙皖边工委召开扩大会议传达华中分局的指示，研究边区的斗争任务，林岳在会上作《目前国内外形势和我们的任务》的报告。

5 月　林岳经过郎广地区前往宁国板桥与胡明会合，林岳在广德短暂停留。23 日参加皖南地委在涌溪召开的扩大会议。林岳在会上作《今后江南形势发展的估计及工作方法与工作任务》的报告，提出放手发动群众，开展“三抗”斗争，为建立苏浙皖赣四省边区游击根据地而斗争。

同月　郎广地区游击队发动群众先后分掉郎溪盆形山、广德双溪里和大范村等地的国民党仓库粮食12万多斤。

同月　郎广分工委建立武装连，连长高明山，指导员叶德胜。武装连配备机枪3挺，长短枪70余支。

5月30日　胡惠民率领广北武工队，在下寺梅村处决国民党苏村乡乡长、恶霸地主王宅洛。

6月25日　叶向池率国民党宣城县保警大队第三中队一个班11人起义。后编入郎广分工委武装连。

6月　皖南地委在泾县水岭召开扩大会议，会上传达贯彻华东局《三八指示》，决定创建主力营，大量发展地方武装，积极向外发展。地委要求苏浙皖边工委以郎广地区为基础，向浙西天目山发展。

同月　郎广分工委在郎溪柯村召开扩大会议，区级以上干部参加了会议。林岳在会上传达了《三八指示》，并对今后的工作作了具体部署。

同月　广南武工队袭击国民党杨杆据点，缴步枪24支，俘敌17人。

同月　国民党广德县誓节乡中队又一批士兵携带机枪1挺、步枪5支，向郎广分工委投诚。

同月　宣宁县政府和广南县政府成立，彭海涛任宣宁县县长；许道珍兼任广南县县长，史纪昌任副县长。

同月　太滆分工委成立，分工委书记王子达，副书记张之宜，委员胡惠民、薛永辉、徐行。广北地区的工作由胡惠民负责。

同月　高明山率武装连攻打国民党桐汭乡公所，缴长短枪34支。

7月　广南武工队在分界山伏击国民党青年军来广招生人员，缴获加拿大手提机枪1挺。后在江家桥伏击国民党广德县县长余琪，缴获步枪1支，毙敌1人。

同月　广南武工队在戈村与国民党花鼓乡中队激战，歼灭国民党花鼓乡中队1个班，俘敌10人，缴步枪9支、短枪1支。

8月10日　皖南地委发出《关于发动群众进行抗租抗债的指示》，20日，又发出《关于抗租抗债中农村各阶层政策的指示》。地委要求各地广泛发动群众，开展“三抗”（抗粮、抗租、抗债）斗争。9月1日，苏浙皖边工委在广南召开扩大会议，传达华东局、皖南地委“抗租、抗债”的指示；并发出《关于秋季工作的指示》，提出以“抗粮、抗租、抗债”为中心，做好群众工作。

8月　苏浙皖边工委副书记孙章录率边工委武装南进，抵达郎广地区，与郎广分工委武装合并组成苏浙皖边区大队。大队长彭海涛，副大队长张晖。下辖2个连，一连连长高明山，二连连长王林生。

9月29日　胡惠民、王章率广北武工队及群众200余人，分掉砖桥千口村恶霸地主李文清粮食1万余斤，黄豆600余斤，并将李文清镇压。

9月　苏村区委在石鼓乡双园村召开千人大会，对反动骨干分子金继华进行清算，并当场将其处决。开明士绅张世荣当众销毁田契、租约。

同月　国民党以宣郎广三县地方武装为基础，成立袁岱为司令、訾向宇为参谋长的“剿匪”司令部，经常对中共党组织活动地区进行骚扰。各县反动势力和逃亡地主组成“戡乱委员会”，在政治上与中共方面对抗。

同月　遵照皖南地委南进的指示，苏浙皖边工委派彭海涛率部开辟以白马庙为中心的广宁孝地区，以便向南发展。

同月　广南武工队袭击广德石佛山据点，缴步枪3支，伤敌2人。

同月　广南武工队向浙江孝丰鄣吴村行动时，与该乡乡中队遭遇，将其击溃，毙敌乡长1人，俘敌1人。

同月　出于部队政治工作的需要，苏浙皖边工委决定，从本月起根据新华社电讯，每月出版《新华电讯》油印小报。

同月　经苏中区党委批准，陈冀、陈荣贵率领丹北地区保存的部分武装骨干23人，由丹北经武南、宜北进入苏浙皖边区，与边区大队二连合并。加强了边区武装斗争的力量。

10月2日　华东局向皖南地委发出指示强调：放手发动群众，进行抗租、抗债、分粮斗争；要大力发展武装，大胆提拔干部，建立游击根据地，并指明主要发展方向是向东向南。同月9日，皖南地委向苏浙皖边工委发出指示，要求苏浙皖边工委遵照华东局指示，积极向南发展，到宁国东部活动。

10月　苏浙皖边工委决定撤销郎广分工委，成立郎溪（原郎溪县与宣宁县合并）、广南和广宁孝3个直属县工委。边工委领导机构也作了充实调整，书记林岳、副书记孙章录、组织部长张思齐，委员朱春苑、许道珍（兼广南县工委书记）、丁浩（兼郎溪县工委书记）、彭海涛（兼广宁孝县工委书记）；林岳、孙章录、朱春苑、张思齐任边工委常委。同时成立广宁孝县政府，彭海涛兼任县长。

同月　国民党六十三师、四十六师一个旅，一个宪兵团以及首都卫戍团，配合皖保安团两个大队及各县地方武装，在安徽省军管区少将参谋长龙炎武的指挥下，向皖南地区展开全面清剿。同年 11 月，国民党六十三师、首都卫戍团及地方武装共 2000 余人，开始对苏浙皖边区进行长达 3 个月的大清剿；直至次年 2 月，国民党军队清剿结束。在此次反清剿中，苏浙皖边区军民与敌展开了顽强斗争，但由于敌强我弱，损失较为严重。

同月　国民党宣郎广三县“剿匪”指挥部参谋长訾向宇率领两个中队从誓节渡到苏村骚扰，我游击队与敌相遇，阵亡排长 1 人。由于敌人疯狂进剿，我农会和民兵组织受到严重破坏。

11 月 7 日　国民党广德县政府颁布《广德县清剿山地共匪实施办法》，按照《实施办法》规定，采取移粮并村，制发良民证，集中民间武器，加强地方行政等反动措施，对游击根据地进行全面清剿。

11 月中旬　广南一区武工队及戈村乡民兵攻克国民党花鼓乡公所，缴获步枪 21 支，使戈村乡民兵全部武装起来。

11 月 25 日　苏浙皖边区大队一连攻克国民党广德县独树乡公所，缴获步枪 13 支，短枪 1 支，击毙敌乡长以下人员 3 人，俘敌 9 人。

11 月下旬　苏浙皖边工委在广宁孝地区发动群众开展分粮斗争，分粮千余担，受益群众 600 多人。

12 月 2 日　边区大队二连攻克国民党卢村据点，缴步枪 22 支，俘敌乡长、情报主任、税务主任等 10 人。

12 月 20 日　苏浙皖边工委及其武装在广德大吴村被国民党六十三师等部千余人包围，激战 6 个小时，毙敌 8 人，伤 13 人。我伤亡 10 余人。边工委及其武装突围后分两路转移。

12 月 24 日　边区大队一连转移到宁国地村，再次遭到国民党六十三师包围，损失机枪 1 挺、步枪 20 余支。排长彭世杰等 18 人在突围中壮烈牺牲，有 10 余人落入敌手，一连建制被打垮。

12 月 27 日　边区大队二连在广南陈家大洼与国民党首都卫戍团及地方武装遭遇，毙敌排长 1 人，伤敌 9 人，我轻伤 3 人。

12 月　花鼓乡农民 300 余人，在广南武工队的掩护下，分掉国民党西山村仓库稻谷 2 万多斤。

同月　广北武工队袭击国民党广德县西湖乡公所，缴获步枪 15 支，子弹 500 发，电话机 1 部。

同月　为反对敌人移民并村，广北武工队烧毁国民党山北乡乡长肖冠三的楼房 100 余间，对其提出严厉警告，迫使他放回被抓去的群众 500 多名。

1948 年

2 月初　国民党军队集中三四百人清剿广南一区武工队，排长陈福才牺牲。

2 月 23 日　边区大队二连及广宁孝武工队在广德杨滩燕子窝伏击国民党广德县四中队两个班和桐汭乡自卫队，毙敌 3 人，俘敌 11 人，缴步枪 13 支；击退前来增援的国民党广德县二中队，毙敌 1 人，伤敌 6 人，从而扭转了地村战斗失利后的被动局面。

2 月　广宁孝县泰山中心区委成立，高明山任书记兼区长。韩明奎调任姚塔中心区委副书记兼副区长。

3 月 2 日　王子达、胡惠民率太滆分工委武装和广北武工队在金鸡岕伏击国民党溧阳县戴埠、三丫、横涧三乡联防队，毙伤敌 17 人，俘敌 8 人，缴机枪 1 挺、步枪 10 余支、子弹千余发。

3 月 11 日　苏浙皖边工委在广宁孝县泰山区召开会议，总结前六个月的工作和反清剿斗争的经验教训，提出了"坚持巩固老区，继续发展新区，创立隐蔽的游击根据地"的方针。

3 月下旬　苏浙皖边区武装击退了国民党浙江保安团两个中队对广宁孝泰山地区的进攻。毙伤敌 10 余名，迫使敌人从杭垓撤回孝丰城。

3 月　苏浙皖边区支队成立，支队长常喜生，副支队长张晖。下辖 3 个连。

春　广北成立溧郎广、宜广长区委，溧郎广区委书记李明德；宜广长区委书记宋亚欣，副书记王章、张醒之（不久宋亚欣调走，王章任书记）。

4 月上旬　广南警卫连与郎溪警卫连的一个排合并组成苏浙皖边区支队五

连，连长王林生，指导员王双庆。

4月下旬　皖南地委在歙绩边境汪满田召开扩大会议，总结六个月来反清剿工作，根据华东局指示，提出巩固老区，发展新区，为大军渡江准备基地的任务。

4月　广宁孝武工队在边区主力二连的配合下，进入孝丰的西渚、太平和宁国的狮桥、石口、梅林一线活动，建立了100多个立足点。

5月　王子达率太滆分工委直属连和广北武工队在广北水东岕桃山口伏击国民党杭村乡中队，除敌尖兵逃跑外，将其全歼。活捉敌乡长和中队长等20多人，毙伤10余人，缴获机枪1挺、短枪4支、步枪20余支。我方牺牲1人，伤2人。

6月11日　张思齐率10余名干部从广德香居村出发，前往宁国。到达宁东后扩充到18人，准备南进天目山，开辟天西游击根据地。

6月　广北武工队队员韩兴德等3人在溧阳平板桥平场村征粮，遭敌伏击。韩兴德牺牲，另2人突围。

7月10日　边工委作出《关于今后工作方针与秋季工作任务的决定》，提出今后的方针与任务。即：坚持发展与巩固民族民主统一战线，积极普遍地发动群众，发展武装，开展广泛的群众性的游击战争；坚持与巩固原有地区和积极发展新区，创造比较隐蔽、比较广大、比较巩固的游击区，进而创造游击根据地。

7月　华东局于24日、28日两次对皖南发出指示，强调要迅速发展武装，建立主力，创建游击根据地，凡能公开建立民主政权的基本区，不应保留国民党政权。

同月　为了抽调干部开辟天西地区，苏浙皖边工委决定撤销广南县，所属一区划归郎溪县，二、三、四区划归广宁孝县。

同月　广宁孝武装粉碎了国民党浙江省保安团的进攻，接着打下长虹铺、狮桥等敌据点，并进击杨滩。同时，在那里发动群众开展“三抗”和“双减”斗争。

9月　宣郎广地区掀起群众斗争热潮，在这次斗争中，宣郎广地区有11个保进行了减租，有10多个保在“三抗”中获得成绩。其中，郎溪鸦山纸槽集中地区，有400多工人在增资斗争中，增加了工资（倒四·六分成）。

同月　太滆分工委书记王子达南调，徐行接任分工委书记，胡惠民任副书记；

广北工作由胡惠民负责。

12 月 9 日　苏浙皖边工委召开扩大会议，总结秋季工作，确定今后工作任务，即在反美反蒋统一战线方针下，多交朋友，孤立敌人，巩固和发展根据地，做好迎接大军渡江的准备工作。

12 月 15 日　太滆分工委武装二连建立，对外称“人民解放军太滆部队”，连长杨永芳，教导员宋亚欣。

12 月 27 日　太滆分工委举办整风训练班，胡惠民任班主任。徐行、胡惠民、胡求真轮流上课，每次半个月，办了两期。

冬　广宁孝县姚塔区区长王均在月湾海口冲主持召开增资会议，正式成立纸业工会。会后在月湾陈村召开纸槽老板参加的纸工大会，决定增加工人工资。

12 月　苏浙皖边工委决定撤销郎溪、广宁孝两个县工委，成立路南分工委。分工委书记王子达，副书记许道珍，委员彭海涛、丁浩、陈冀。下设誓节中心区委（书记孙德胜，副书记王自强），柏垫中心区委（书记史纪昌，副书记许梦麟），姚塔中心区委（书记王均），泰山中心区委（书记高明山）。

同月　誓节中心区委为配合形势，编印出版《快讯》，报道游击队战斗生活和转载新华社消息。

1949 年

1 月 8 日　皖南地委发出《关于目前形势与任务的指示》，要求所属各级党组织紧急动员一切力量，迎接大军渡江。

1 月 28 日　苏浙皖边工委发出《关于目前形势与任务的补充指示》，要求太滆、路南、天西分工委，将所辖地区的敌军部署、番号、设备、工事建设及各据点地形，绘成简要地图报边工委。

同日　太滆分工委武装摧毁砖桥敌据点，缴机枪 1 挺、步枪 20 余支，俘敌 30 余人。31 日，又攻下山北敌据点，敌分队长吴功之等 40 多人携机枪 1 挺、冲锋枪 1 支、步枪 30 余支向我投诚。至此，广北游击根据地连成一片。

1 月　国民党誓节乡中队朱立清、曹金山等人发动兵变，打死乡中队长，携轻机枪 1 挺、短枪 5 支、步枪 18 支，投奔郎溪游击队。

1 月底至 2 月初　江苏省教育学院等院校学生 20 多名，从国统区到达太滆、郎广游击区参加革命。

2 月 5 日　太滆分工委成立由知识青年组成的宣教组，负责编辑出版《太滆电讯》，报道新华社消息和游击队战斗生活。该刊为三日刊。

2 月 7 日　皖南地委发出《对地委 1 月 8 日指示的补充指示》，具体部署了迎接大军渡江的各项准备工作。

2 月 24 日　苏浙皖边工委召开排以上干部会议，林岳作《目前形势与部队工作任务》的报告。

2 月　宜广武工队队员贺家荣等在溧阳国民党看守所参与组织越狱暴动，夺取敌人机枪 1 挺、步枪 8 支，回到广北武工队。

3 月　边区支队五连在柏垫中心区委武装的配合下，在广南石香炉伏击国民党柏垫镇的一个分队。俘敌分队长等 10 多人，缴步枪 10 余支、短枪 1 支，解救了押往县城的 20 名壮丁。

4 月 9 日　太滆分工委改组，徐行任书记，张之宜任第一副书记兼行政办事处主任，胡惠民任第二副书记兼组织部长。

4 月 20 日　中国人民解放军中路大军于 20 日晚发动渡江战役，在安庆、芜湖之间突破国民党长江防线，胜利到达南岸。

4 月 21 日　皖南地委发出《关于迎接大军渡江准备接管城市的紧急指示》，从思想动员、军事部署、工作重心、干部问题、组织领导 5 个方面作了具体布置。

4 月 23 日　太滆分工委在广北上阳召开会议，部署迎接大军南下和接管工作。次日，分工委武装兵分三路向溧阳、宜兴和广北进军。李明德、杨少清奉命接管邱村、流洞两区。

4月26日　中国人民解放军第二十七军抵达广德县城，广德宣告解放。同日，史纪昌奉命率柏垫中心区委武装向广德县城进发；次日，与驻县城的中国人民解放军第九兵团取得联系，挂出“广德县民主政府”的牌子进行工作。

同日　国民党柏垫联防区主任朱学礼带领联防区和柏垫、独树、桐汭 3 个乡镇的军政人员 170 余人，携机枪 2 挺、步枪 120 余支、手枪 8 支，在大范村向中共柏垫中心区委武装投诚。

4 月 28 日　许道珍率部到达广德县城，组成临时政权机构。

同日　国民党广德县国民兵团第二连连长吴振球率全连 90 多人，携机枪 3

挺、步枪 120 余支、手枪 1 支，向我投诚。

同日　广德县支前委员会成立，第九兵团供给部长任主任，许道珍任副主任。支前委员会成立后，立即组织干部群众全力投入支前工作，从 4 月底到 5 月初，广德共接待了 9 个军的部队，为部队提供了大量的粮食，仅城关就支援粮食 40 余万斤。

4 月 28 日—29 日　中国人民解放军东、中两集团将国民党军队第四、第二十八、第四十五、第六十六军包围于广德北部和东北部地区，经过两天战斗，歼灭国民党 4 个军，俘敌 6 万余人，取得了渡江战役第二阶段的伟大胜利。

4 月下旬至 5 月上旬　国民党广德县苏村、誓节、花鼓、凤井、双溪、高湖、景贤等乡镇武装和广德县国民兵团一连、五连各一部共计 240 余人，携长短枪 230 余支、机枪 3 挺，先后向我投诚。

5 月 6 日　皖南军区在屯溪成立，军区司令员刘飞，副司令员熊兆仁，政治委员牛树才，副政治委员胡明，政治部主任罗白桦，副参谋长刘奎。次日，皖南人民行政公署成立，主任魏明。

5 月 8 日　察哈尔冀中南下五支队四大队干部 59 人（实到 58 人），在张佐文、张受益率领下抵达广德。

5 月 9 日　中共广德县委、广德县人民政府成立，县委书记兼县长许道珍，副书记张佐文，副县长张受益。下设城厢、卢村、柏垫、誓节、邱村和流洞 6 个区。

5 月中旬　中共皖南区党委在屯溪成立，谢富治兼任书记，牛树才、胡明、马天水任副书记。7 月，皖南区党委、皖南人民行政公署、皖南军区迁往芜湖。

5 月 13 日　中共宣城地委、宣城专署和宣城军分区成立，陈洪任地委书记，许道珍任专员，赖富任军分区司令员。

5 月 16 日　中共广德县委发出通知，为迅速恢复与稳定社会秩序，保障人民安全和胜利完成借征工作任务，决定各区组织区小队，并就区小队干部配备、人数、枪枝弹药装备作出规定。

5 月 17 日　中共宣城地委通知广德县委，皖南区党委已决定许道珍到专区工作。

6 月 5 日　县委发出《关于发展与壮大地方武装的指示》，要求各区乡建立武装，及时充实地方武装力量。

6月22日　中共宣城地委、宣城专署发出通知，任命张佐文为中共广德县委书记，张受益为广德县人民政府县长，组织部长王荣，宣传部长庞振明，武装部长赵开章，社会部长史纪昌，县农会主任牛文莲。

6月　广德县大队成立，大队长许梦麟，政委张佐文（兼），副政委李明德。

7月14日—18日　县委召开区乡负责人和治安员会议，总结解放以来两个多月的工作，部署征粮支前、开荒生产、安定社会秩序等工作，并作出《重视生产与安定社会秩序的决定》。

7月22日　县委就笄山区小队战士陈少根带枪参加土匪事件发出紧急通知。要求各区乡必须引以为戒，提高警惕，整顿、纯洁队伍，加强肃匪工作，安定社会秩序。

7月27日　县委发出通知，对战争时期的经济账目、财产、物资进行一次清理。

7月28日　县委向宣城地委报告两个多月来征粮、生产、安定社会秩序三大任务的情况。

7月　中国新民主主义青年团广德县工作委员会成立，书记庞振明（兼）。

同月　县委决定将原设的6个区调整为笄山、苏村、邱村、流洞4个区和1个区级镇——城关镇。

同月　匪首阮观彩、余有鹏、赖在平、周子连、阮成栋等率股匪100多人袭击卢村区政府。广德县大队一个排予以迎头痛击，经4个小时的战斗，将其击溃。

同月　广德县农民协会筹备委员会成立，牛文莲、方长慎先后任主任。次年9月，各区相继成立农民协会筹备委员会，各行政村先后成立村农会。

8月上旬　中国人民解放军第二十五军七十五师进驻宣城地区剿匪，军分区和各县成立“剿匪委员会”。9月，第二十五军二二五团及宣城军分区独立营，先后进驻本县，配合广德县大队剿匪。

8月12日　县委、县剿匪委员会向地委和分区剿匪委员会报告广德匪情、特情，及肃清匪特的部署。同时组织县大队在广德南部和西北边沿土匪活动猖獗地区开展清剿，先后击溃、歼灭吴大珍等多股土匪，本县公开匪患基本平息。

8月17日　县委发出立即组建民兵的通知，通知要求各地立即着手进行并完成组建民兵的准备工作。

8月18日—25日　县委召开第一届小学教师座谈会，布置新学期工作，并宣布校长和教师的任职名单。与会同志在会上听取了《中国革命的基本问题》和《目前的形势问题》的报告，学习毛泽东《在延安文艺座谈会上的讲话》。县委、县政府领导张佐文、张受益、庞振明等在会上就有关学习问题发表了指导性意见。

9月　中国人民解放军第二十五军二二五团及宣城军分区独立营先后进驻广德，配合广德县大队剿匪。

后　记

习近平总书记指出：“党的历史是最生动、最有说服力的教科书。我们党历来重视党史学习教育，注重用党的奋斗历程和伟大成就鼓舞斗志、明确方向，用党的光荣传统和优良作风坚定信念、凝聚力量，用党的实践创造和历史经验启迪智慧、砥砺品格。”

为了从党的百年历史中汲取智慧和力量，2021 年 5 月，中共广德市委党史学习教育领导小组办公室、中共广德市委党史和地方志研究室编写了广德党史教育读本——《中国共产党广德历史简明读本（1921—1949）》和《广德革命遗址通览》。2024 年 2 月，为了推动党史学习教育常态化长效化，推动全党全社会学好党史、用好党史，从党的历史中汲取智慧和力量，弘扬伟大建党精神，传承红色基因，赓续红色血脉，根据《中国共产党章程》，中共中央印发了《党史学习教育工作条例》，为认真做好《条例》学习、宣传、贯彻工作，中共广德市委党史和地方志研究室决定编撰出版《广德红色印迹》。

本书受到中共宣城市委党史和地方志研究室领导的高度重视，提出了宝贵的意见，南京出版社在编审中给予了大力支持。在此，谨对所有给予帮助支持的单位和同志表示衷心的感谢。

由于水平有限，书中难免有疏漏和不当之处，敬请读者批评指正。

编　者

2024 年 5 月